曹參世家第二十四　史記五十四

索隱曰蕭相國曹相國留侯絳侯五宗三王六篇可合為一篇

平陽侯正義曰晉州城即平陽故城也曹參者沛人也張華曰曹參字敬伯索隱曰地理志平陽縣屬河東春秋緯及博物志並云參字敬伯。正義曰按沛今徐州縣也秦時為沛獄掾而蕭何為主吏居縣為豪吏矣高祖為沛公而初起也參以中涓從漢書音義曰中涓如中謁者。索隱曰涓音古玄反將擊胡陵正義曰縣名在方與南方與索隱曰地理志二縣皆屬山陽。正義曰方音旁與音預兗州縣也攻秦監公軍漢書音義曰監郡御史監者公名秦一郡置守尉監三人。索隱曰本紀泗川監名平則平是名公為相尊之稱大破之東下薛擊泗水守軍薛郭西復攻胡陵取之徙守方與方與反為魏擊之正義曰曹參擊方與豐反為魏索隱曰時雍齒守豐畀為魏反沛公攻之賜爵七大夫擊秦司馬𡰥正義曰音夷軍碭東破之取碭狐父徐廣曰伍被曰吳濞敗於狐父。索隱曰地理志碭屬梁國狐父地名在梁碭之間徐氏引伍被云吳濞敗於狐父是吳與梁相拒而敗處。正義曰括地志云狐父亭在宋州碭山縣東南三十里祁善置文穎曰善置置名也晉灼曰祁音坻孫檢曰漢謂驛曰置善名也。索隱曰司馬彪郡國志穀熟有祁亭劉氏音遲又如字善置置名。正義曰括地志云故祁城在宋州下邑縣東北四十九里漢祁城縣也言取碭狐父及祁縣之善置又攻下邑以西至虞索隱曰地理志下邑虞皆屬梁國。正義曰宋州下邑縣在州東百一十里漢下邑城今碭山縣是虞城縣在州北五十里古虞國商均所封擊章邯車騎攻爰戚徐廣曰宣帝時有爰戚侯索隱曰蘇林云縣名屬山陽功臣表爰戚侯趙成。正義曰音寂劉音七歷反今在兗州南近亢父縣及亢父索隱曰地理志縣名屬東平○正義曰括地志云二允父故城在兗州任城縣南五十一里先登遷爲五大夫北救東阿索隱曰時章邯圍田榮於東阿○正義曰今濟州東阿也擊章邯軍陷陳追至濮陽攻定陶取臨濟正義曰淄州高苑縣西北二里狄故城安帝改曰臨濟南救雍丘擊李由軍破之殺李由虜秦候一人秦將章邯破殺項梁也沛公與項羽引而東楚懷王以沛公爲碭郡長將碭郡兵於是乃封參爲執帛張晏曰孤卿也或曰楚官名號曰建成君索隱曰地理志建成縣屬沛郡遷爲戚公索隱曰遷參爲戚令○正義曰即爰戚縣也是時屬沛郡屬碭郡其後從攻東郡尉軍破之成武南索隱曰地理志成武縣屬山陽擊王離軍成陽南索隱曰地理志縣名在濟陰成地名周武王封弟季載於成其

後代遷於成之陽故曰成陽○正義曰成陽故城濮州雷澤縣是史記云武王封弟季載於成其後遷於成之陽故曰成陽也復攻之杠里大破之追北西至開封擊趙賁軍破之索隱曰賁音奔圍趙賁開封城中西擊秦將楊熊軍於曲遇徐廣曰在中年○索隱曰曲丘禹反遇牛凶反○正義曰曲丘羽反遇牛恭反司馬彪郡國志云中牟有曲遇聚按中牟鄭州縣也破之虜秦司馬及御史各一人遷爲執珪張晏曰侯伯執珪以朝位比之如淳曰呂氏春秋得伍員者位執珪古爵名從攻陽武正義曰括地志云陽武故城在鄭州陽武縣東北十八里漢陽武縣城也下轘轅緱氏索隱曰地理志陽武緱氏二縣屬河南轘轅道名在緱氏南○正義曰緱氏洛州縣也括地志云轘轅故關在洛州緱氏縣東南四十里十三州志云轘轅道凡十二曲是險道絕河津正義曰津濟渡處括地志云平陰故津在洛州洛陽縣東北五十里還擊趙賁軍尸北破

之徐廣曰尸在偃師孟康曰尸鄉北。正義曰破趙賁軍於尸鄉之北也括地志云尸鄉亭在洛州偃師縣在洛
州東南也從南攻犨與南陽守齮戰陽城郭東應劭曰今
堵陽。索隱曰徐廣云陽城在南陽應劭云今堵陽堵陽是南陽之縣陷陳正義曰陷南陽守於陽城
郭東也取宛虜齮盡定南陽郡從西攻武關嶢關
正義曰括地志云故武關在商州商洛縣東九十里藍田關在雍州藍田縣東南九十里即秦嶢關也取之
前攻秦軍藍田南正義曰雍州藍田縣在州東南八十里因藍田山為名又夜
擊其北秦軍大破遂至咸陽滅秦項羽至以沛
公為漢王漢王封參為建成侯從至漢中正義曰梁
州本漢中郡還為將軍從還定三秦初攻下辯故道
索隱曰地理志二縣名屬武都辯音皮莧反。正義曰括地志云成州同谷縣本漢下辯道又云鳳州兩當縣本漢故道

縣在州西五十里雍斄索隱曰地理志二縣名屬右扶風斄音胎。正義曰斄作斄音胎括地志云故
雍縣南七里故斄城一名武功縣西南二十二里古邰國也擊章平軍於好時南
正義曰括地志云好時城在雍州好時縣東南十三里破之圍好時取壤鄉文穎
曰地名擊三秦軍壤東及高櫟索隱曰櫟音歷按文穎云壤鄉高櫟皆地
名在右扶風今其地闕。正義曰音歷皆村邑名壤鄉今在雍州武功縣東南二十餘里高壤坊是高櫟近壤鄉也
破之復圍章平章平出好時走因擊趙賁內史
保軍破之東取咸陽更命曰新城索隱曰漢書高帝元年咸陽名
新城武帝改名曰渭城參將兵守景陵漢書音義曰縣名也二十日三
秦使章平等攻參參出擊大破之賜食邑於寧
秦蘇林曰今華陰參以將軍引兵圍章邯於廢丘正義曰周

曰犬丘秦更名廢丘漢更名槐里今故城在雍州始平縣東南十里以中尉從漢王出臨晉關正義曰即蒲津關也在臨晉縣故言臨晉關今在同州也至河內下脩武正義曰今懷州獲嘉縣古脩武也渡圍津徐廣曰東郡白馬有圍津。索隱曰顧氏按水經註白馬津有韋鄉韋津城圍與韋同古今字變爾。正義曰括地志云黎陽津一名白馬津在滑州白馬縣北三十里帝王世紀云白馬縣南有韋城故豕韋國也續漢書郡國志云白馬縣有韋城東擊龍且項他定陶破之東取碭蕭彭城正義曰徐州二縣擊項籍軍漢軍大敗走參以中尉圍取雍丘王武反於黃徐廣曰內黃縣有黃澤程處反於燕徐廣曰東郡燕縣駰案漢書音義曰皆漢將往擊盡破之柱天侯反於衍氏索隱曰柱天侯不知其誰封衍氏魏邑地理志云柱天在廬江潛縣又進破取衍氏擊羽嬰於昆陽追至葉

還攻武彊瓚曰武彊城在陽武。正義曰括地志云武彊故城在鄭州管城縣東北三十一里因至滎陽參自漢中為將軍中尉從索隱曰才用反擊諸侯及項羽敗還至滎陽凡二歲高祖三年拜為假左丞相入屯兵關中月餘魏王豹反以假左丞相別與韓信東攻魏將軍孫遬軍東張徐廣曰張者地名功臣表有張侯毛澤之駟按蘇林曰屬河東。索隱曰遬音速。正義曰括地志云張陽故城一名東張城在蒲州虞鄉縣西北四十里大破之因攻安邑得魏將王襄擊魏王於曲陽正義曰括地志云上曲陽定州恒陽縣是下曲陽在定州鼓城縣西五里追至武垣徐廣曰河東有垣縣。正義曰括地志云武垣縣今瀛州城是地理志云武垣縣屬涿郡也生得魏王豹取平陽正義曰晉州城是得魏王母妻子盡定

魏地凡五十二城賜食邑平陽因從韓信擊趙相國夏說軍於鄔東 徐廣曰鄔縣在太原音烏古反 大破之斬夏說韓信與故常山王張耳引兵下井陘擊成安君而令參還圍趙別將戚將軍於鄔城中戚將軍出走追斬之乃引兵詣敖倉漢王之所韓信已破趙爲相國東擊齊參以右丞相屬韓信攻破齊歷下軍遂取臨菑還定濟北郡攻著漯陰平原鬲盧 索隱曰地理志著縣屬濟南盧縣屬泰山漯陰平原鬲三縣屬平原漯音吐荅反○正義曰括地志云平原故城在德州平原縣東南十里故鬲城在德州安德縣西北十五里盧縣今濟州理縣是也 已而從韓信擊龍且軍於上假密 文穎曰或以爲高密○索隱曰漢書亦作假密按下定齊七十縣則上假密非高密亦是齊地今闕 大破之斬龍且虜其將軍周蘭定齊凡得七十餘縣得故齊王田廣相田光其守相許章及故齊膠東將軍田既韓信爲齊王引兵詣陳與漢王共破項羽而參留平齊未服者項籍已死天下定漢王爲皇帝韓信徙爲楚王齊爲郡參歸漢相印高帝以長子肥爲齊王而以參爲齊相國以高祖六年賜爵列侯與諸侯剖符世世勿絕食邑平陽萬六百三十戶號曰平陽侯除前所食邑以齊相國擊陳豨將張春軍破之黥布反參以齊相國從悼

惠王將兵車騎十二萬人與高祖會擊黥布軍大破之南至蘄還定竹邑相蕭留索隱曰地理志蘄竹邑相蕭四縣屬沛韋昭云留今屬彭城則漢初亦屬沛也。正義曰括地志云徐州扶離縣城漢竹邑城也李奇云今竹邑也故相城在符離縣西北九十里輿地志云宋共公自睢陽徙相子城又還睢陽蕭徐州縣也古蕭叔國城也故留城在徐州沛縣東南五十里張良所封參功凡下二國縣一百二十二得王二人相三人將軍六人大莫敖漢書音義曰楚之卿號郡守司馬候御史各一人孝惠帝元年除諸侯相國法更以參為齊丞相參之相齊齊七十城天下初定悼惠王富於春秋參盡召長老諸生問所以安集百姓如齊故俗諸儒以百數言人

人殊參未知所定聞膠西有蓋公善治黃老言使人厚幣請之既見蓋公蓋公為言治道貴清靜而民自定推此類具言之參於是避正堂舍蓋公焉其治要用黃老術故相齊九年齊國安集大稱賢相惠帝二年蕭何卒參聞之告舍人趣治行吾將入相居無何使者果召參參去屬其後相曰以齊獄市為寄慎勿擾也後相曰治無大於此者乎參曰不然夫獄市者所以并容也今君擾之姦人安所容也吾是以先之漢書音義曰夫獄市兼受善惡若窮極姦人無所容竄姦人無所容竄久且為亂秦人極刑而天下畔孝武峻法而獄繁此其效也

老子曰我無爲而民自化我好靜而民自正參欲以道化其本不欲擾其末參始微時與蕭何善及爲將相有郤至何且死所推賢唯參參代何爲漢相國舉事無所變更一遵蕭何約束擇郡國吏木詘於文辭重厚長者即召除爲丞相史吏之言文刻深欲務聲名者輒斥去之日夜飲醇酒卿大夫已下吏及賓客見參不事事如淳曰不事丞相之事來者皆欲有言至者參輒飲以醇酒閒之欲有所言復飲之醉而後去終莫得開說如淳曰開謂有所啓白以爲常相舍後園近吏舍吏舍日飲歌呼從吏惡之無如之何乃請參游園中聞

吏醉歌呼從吏幸相國召按之乃反取酒張坐飲亦歌呼與相應和參見人之有細過專掩匿覆蓋之府中無事參子窋索隱曰音張律反爲中大夫惠帝怪相國不治事以爲豈少朕與索隱曰少者不足之詞故胡亥亦云丞相豈少我哉蓋帝以丞相豈不是嫌少於我哉小顏以爲我年少非也乃謂窋曰若歸試私從容問而父曰高帝新棄羣臣帝富於春秋君爲相日飲無所請事何以憂天下乎然無言吾告若也索隱曰謂惠帝語窋無得言我告汝令諫汝父當自云是己意也窋既洗沐歸閒侍自從其所諫參參怒而笞窋二百曰趣入侍天下事非若所當言也至朝時惠

帝讓參曰與窋胡治乎如淳曰猶言用窋爲治。索隱曰胡何也言語參何爲治窋也乃者我使諫君也參免冠謝曰陛下自察聖武孰與高帝上曰朕乃安敢望先帝乎曰陛下觀臣能孰與蕭何賢上曰君似不及也參曰陛下言之是也且高帝與蕭何定天下法令旣明今陛下垂拱參等守職遵而勿失不亦可乎惠帝曰善君休矣參爲漢相國出入三年卒謚懿侯子窋代侯百姓歌之曰蕭何爲法顜若畫一徐廣曰顜音古項反一音較。索隱曰漢書顜作講畫訓直又訓明言法明直若畫一也講亦作覯小顏云講和也畫一言其法整齊也曹參代之守而勿失載其清淨民以寧

一平陽侯窋高后時爲御史大夫孝文帝立免爲侯立二十九年卒謚爲靜侯子奇代侯立七年卒謚爲簡侯子時代侯時尚平陽公主生子襄時病癘歸國立二十三年卒謚夷侯子襄代侯襄尚衞長公主生子宗立十六年卒謚爲共侯子宗代侯征和二年中宗坐太子死國除

太史公曰曹相國參攻城野戰之功所以能多若此者以與淮陰侯俱及信已滅而列侯成功唯獨參擅其名參爲漢相國清靜極言合道然百姓離秦之酷後參與休息無爲故天下俱

稱其美矣

索隱述贊曰曹參初起爲沛豪吏始從中涓先圖善置執圭執帛攻城略地衍氏旣誅昆陽失位北禽夏說東討田旣剖符定封功無與二市獄勿擾清淨不事尚主平陽代享其利

曹相國世家第二十四　史記五十四

留侯世家第二十五　史記五十五

留侯正義曰括地志云故留城在徐州沛縣東南五十五里今城內有張良廟也張良者
其先韓人也索隱曰韋昭云留今屬彭城按良求封留以始見高祖於留故也漢書云良字子房
按王符皇甫謐並以良爲韓之公族姬姓也秦索賊急乃改姓名而韓先有張去疾及張譴恐非良之先代也良既
歷代相韓故知其先韓人顧氏按後漢書云張良出於城父城父縣屬潁川也○正義曰括地志云城父在汝州郟
縣東三十里韓里也大父開地應劭曰大父祖父開地名相韓昭侯宣惠
王襄哀王父平相釐王悼惠王索隱曰韓系家及系本並作桓惠王
悼惠王二十三年平卒卒二十歲秦滅韓良年
少未宦事韓韓破良家僮三百人弟死不葬悉
以家財求客刺秦王爲韓報仇以大父父五世

相韓故索隱曰謂大父及父相韓五王故云五世良嘗學禮淮陽正義曰今
陳州也東見倉海君如淳曰秦郡縣無倉海或曰東夷君長○索隱曰姚察以武帝時東
夷穢君降爲倉海郡或因以名蓋得其近耳○正義曰漢書武帝紀云元年東夷穢君南閭等降爲倉海郡今貊穢
國得之太史公修史時已降爲郡自書之括地志云穢貊在高麗南新羅北東至大海西得力士爲
鐵椎重百二十斤秦皇帝東游良與客狙服虔曰狙
伺候也狙七預反伺也徐廣曰伺候也音千恕反○索隱曰應劭云狙伺也一云狙伏伺也謂狙之伺物必伏而候
之故今云狙候是也擊秦皇帝博浪沙中索隱曰服虔云地在陽武南按今浚
儀西北四十里有博浪城○正義曰晉地理記云鄭州陽武縣有博浪沙按今當官道也誤中副車
索隱曰漢官儀天子屬車三十六乘屬車即副車而奉車郎御而從後秦皇帝大怒大
索天下求賊甚急爲張良故也良乃更名姓亡

匿下邳良嘗閒從容步游下邳圯上 徐廣曰圯橋也東楚謂之圯音怡。索隱曰嘗訓經也閒閑字也從容謂從任其容止不矜莊也邳披眉反按地理志下邳縣屬東海又云邳在薛後徙此有上邳故此云下邳李奇云上下邳人謂橋為圯文穎云沂水上橋也應劭云圯水之上也姚察見史記本有作土旁者乃引今會稽東湖大橋名為靈圯圯亦音夷理或然也 有一老父衣褐至良所直墮其履圯下 索隱曰崔浩云直猶故也亦恐不然直言正也謂至良所正墮其履也 顧謂良曰孺子下取履良愕然欲毆之 徐廣曰一曰良怒欲罵之。索隱曰毆音烏后反 為其老彊忍下取履父曰履我良業為取履因長跪履之 索隱曰業猶本先也謂良心先已為取故遂跪而履之 父以足受笑而去良殊大驚隨目之父去里所復還 徐廣曰一曰為其老強忍下取履履因進之父以足受笑而去良殊大驚父去里所復還 曰孺子可教矣後五日平明與我會此良因怪之跪曰諾五日平明良往父已先在怒曰與老人期後何也去曰後五日早會五日雞鳴良往父又先在復怒曰後何也去曰後五日復早來五日良夜未半往有頃父亦來喜曰當如是出一編書 徐廣曰編一作篇 曰讀此則為王者師矣後十年興十三年孺子見我濟北穀城山下黃石即我矣 正義曰括地志云穀城山一名黃山在濟州東阿縣東濟州故濟北郡孔文祥云黃石公鬚眉皆白狀杖冊黎履赤舄 遂去無他言不復見旦日視其書乃太公兵法也 正義曰七錄云太公兵法一秩三卷太公姜子牙周文王

師封齊侯也 良因異之常習誦讀之居下邳為任俠
項伯嘗殺人從良匿後十年陳涉等起兵良亦
聚少年百餘人景駒自立為楚假王在留良欲
往從之道遇沛公沛公將數千人略地下邳西
遂屬焉沛公拜良為廄將 漢書音義曰官名 良數以太
公兵法說沛公沛公善之常用其策良為他人
言皆不省良曰沛公殆天授 索隱曰殆訓近也 故遂從
之不去見景駒及沛公之薛見項梁項梁立
楚懷王良乃說項梁曰君已立楚後而韓諸公
子橫陽君成賢可立為王益樹黨項梁使良求

韓成立以為韓王以良為韓申徒 徐廣曰即司徒耳但語音訛轉
故字亦隨改 與韓王將千餘人西略韓地得數城秦
輒復取之往來為游兵潁川沛公之從雒陽南
出轘轅良引兵從沛公下韓十餘城擊破楊熊
軍沛公乃令韓王成留守陽翟與良俱南攻下
宛西入武關沛公欲以兵二萬人擊秦嶢下軍
徐廣曰嶢音堯 良說曰秦兵尚彊未可輕臣聞其將屠
者子賈豎易動以利願沛公且留壁使人先行
為五萬人具食 徐廣曰五一作百 益為張旗幟諸山上
為疑兵 索隱曰旗幟音其試 令酈食其持重寶啗秦將秦

將果畔欲連和俱西襲咸陽沛公欲聽之良曰此獨其將欲叛耳恐士卒不從不從必危不如因其解擊之索隱曰謂卒將離心而懈怠沛公乃引兵擊秦軍大破之逐北至藍田再戰秦兵竟敗遂至咸陽秦王子嬰降沛公沛公入秦宮宮室帷帳狗馬重寶婦女以千數意欲留居之樊噲諫沛公出舍沛公不聽徐廣曰一本噲諫曰沛公欲有天下耶將欲為富家翁耶沛公曰吾欲有天下噲曰今臣從入秦宮所觀宮室帷帳珠玉重寶鐘鼓之飾奇物不可勝極入其後宮美人婦女以千數此皆秦所以亡天下也願沛公急還霸上無留宮中沛公不聽良曰夫秦為無道故沛公得至此夫為天下除殘賊宜縞素為資晉灼曰資籍也欲沛公反秦奢泰服儉素以為籍也今始入秦即安其樂此所謂助桀為虐且忠言逆耳利於行毒藥苦口利於病索隱曰見孔子家語願沛公聽樊噲言沛公乃還軍霸上項羽至鴻門下欲擊沛公項伯乃夜馳入沛公軍私見張良欲與俱去良曰臣為韓王送沛公今事有急亡去不義乃具以語沛公沛公大驚曰為將奈何良曰沛公誠欲倍項羽邪沛公曰鯫生徐廣曰呂靜曰鯫魚也音此垢反○索隱曰鯫謂小魚也音趨苟反臣瓚按楚漢春秋鯫生本姓解教我距關無內諸侯秦地可盡王故聽之良曰沛公自度能卻項羽乎沛公默然良久曰固不能也

令爲奈何良乃固要項伯項伯見沛公沛公與飲爲壽結賓婚令項伯具言沛公不敢倍項羽所以距關者備他盜也及見項羽後解語在項羽事中漢元年正月沛公爲漢王王巴蜀漢王賜良金百鎰珠二斗良具以獻項伯漢王亦因令良厚遺項伯使請漢中地如淳曰本但與巴蜀故請漢中地項王乃許之遂得漢中地漢王之國良送至褒中正義曰括地志云褒谷在梁州褒城縣北五十里南中山昔秦欲伐蜀路無由入乃刻石爲牛五頭置金於後僞言此牛能屎金以遺蜀蜀侯貪信之乃令五丁共引牛塹山堙谷致之成都秦遂尋道伐之因號曰石牛道蜀賦以石門在漢中之西褒中之北是又云斜水源出褒城縣西北衙嶺山與褒水同源而流派漢書溝洫志云褒水通沔斜水通渭皆以行船遣良歸韓良因說漢王曰王何不燒絶所過棧道示天下無還心以固項王意乃使良還行燒絶棧道良至韓韓王成以良從漢王故項王不遣成之國從與俱東良說項王曰漢王燒絶棧道無還心矣乃以齊王田榮反書告項王項王以此無西憂漢心而發兵北擊齊項王竟不肯遣韓王乃以爲侯又殺之彭城良亡閒行歸漢漢王亦已還定三秦矣復以良爲成信侯從東擊楚至彭城漢敗而還至下邑漢王下馬踞鞍而問曰吾欲捐關以東等弃之誰

可與共功者良進曰九江王黥布楚梟將與項王有郄彭越與齊王田榮反梁地此兩人可急使而漢王之將獨韓信可屬大事當一面即欲捐之捐之此三人則楚可破也漢王乃遣隨何說九江王布而使人連彭越及魏王豹反使韓信將兵擊之因舉燕代齊趙然卒破楚者此三人力也張良多病未嘗特將也常爲畫策臣時時從漢王漢三年項羽急圍漢王滎陽漢王恐憂與酈食其謀橈楚權食其曰昔湯伐桀封其後於杞武王伐紂封其後於宋今秦失德棄

義侵伐諸侯社稷滅六國之後使無立錐之地陛下誠能復立六國後世畢已受印此其君臣百姓必皆戴陛下之德莫不鄉風慕義願爲臣妾德義已行陛下南鄉稱霸楚必斂衽而朝漢王曰善趣刻印先生因行佩之矣食其未行張良從外來謁漢王方食曰子房前客有爲我計橈楚權者具以酈生語告於子房曰何如良曰誰爲陛下畫此計者陛下事去矣漢王曰何哉張良對曰臣請藉前箸爲大王籌之張晏曰求借所食之箸用指畫也或曰前世湯武箸明之事以籌度今時之不若也曰昔者湯伐桀而封其

後於杞者度能制桀之死命也今陛下能制項
籍之死命乎曰未能也其不可一也武王伐紂
封其後於宋者度能得紂之頭也今陛下能得
項籍之頭乎曰未能也其不可二也武王入殷
表商容之閭索隱曰崔浩云表者標榜其里門商容紂時賢人也韓詩外傳曰商容執羽籥
馮於馬徒欲以化紂而不能遂去伏於太行山武王欲以為三公固辭而不受餘解在商紀
之拘徐廣曰釋一作式拘一作囚封比干之墓今陛下能封
聖人之墓表賢者之閭式智者之門乎曰未能
也其不可三也發鉅橋之粟散鹿臺之錢以賜
貧窮今陛下能散府庫以賜貧窮乎曰未能也

其不可四矣殷事已畢偃革為軒如淳曰革者革車也軒者赤𢧐
乘軒也偃武備而治禮樂也○索隱曰蘇林云革者兵車也軒者朱軒皮軒也謂廢兵車而用乘車也說文云軒曲
周屏車倒置干戈覆以虎皮以示天下不復用兵
今陛下能偃武行文不復用兵乎曰未能也其
不可五矣休馬華山之陽示以無所為今陛下
能休馬無所用乎曰未能也其不可六矣放牛
桃林之陰索隱曰晉灼云在弘農南門鄉谷中應劭十二州記弘農有桃丘聚古桃林也山海經云
夸父之山北有桃林廣三百里以示不復輸積今陛下能放牛不
復輸積乎曰未能也其不可七矣且天下游士
離其親戚棄墳墓去故舊從陛下游者徒欲日

夜望咫尺之地今復六國立韓魏燕趙齊楚之後天下游士各歸事其主從其親戚反其故舊墳墓陛下與誰取天下乎其不可八矣且夫楚唯無彊六國立者復橈而從之漢書音義曰唯當使楚無彊彊則六國弱從之○索隱曰荀悅漢紀此事云獨可使楚無強強則六國屈橈而從之又韋昭云今無強楚者若六國立必復屈橈從楚是二說之意同陛下焉得而臣之誠用客之謀陛下事去矣漢王輟食吐哺罵曰豎儒幾敗而公事索隱曰高祖罵酈生爲豎儒謂此儒生豎子耳幾音祈幾殆近也而公高祖自謂也漢書作乃公令趣銷印漢四年韓信破齊而欲自立爲齊王漢王怒張良說漢王漢王使良授齊王信印語在淮

陰事中其秋漢王追楚至陽夏南戰不利而壁固陵諸侯期不至良說漢王漢王用其計諸侯皆至語在項籍事中漢六年正月封功臣良未嘗有戰鬭功高帝曰運籌策帷帳中決勝千里外子房功也自擇齊三萬戶良曰始臣起下邳與上會留此天以臣授陛下陛下用臣計幸而時中臣願封留足矣不敢當三萬戶乃封張良爲留侯與蕭何等俱封六年上已封大功臣二十餘人其餘日夜爭功不決未得行封上在雒陽南宮從復道如淳曰復音複上下有道故謂之復道韋昭曰閣道望見諸

將往往相與坐沙中語上曰此何語留侯曰陛下不知乎此謀反耳上曰天下屬安定何故反乎留侯曰陛下起布衣以此屬取天下今陛下爲天子而所封皆蕭曹故人所親愛而所誅者皆生平所仇怨今軍吏計功以天下不足徧封此屬畏陛下不能盡封恐又見疑平生（徐廣曰多作生平）過失及誅故即相聚謀反耳上乃憂曰爲之柰何留侯曰上平生所憎羣臣所共知誰最甚者上曰雍齒與我故（漢書音義曰未起時有故怨）數嘗窘辱我我欲殺之爲其功多故不忍留侯曰今急先封雍齒以示羣臣羣臣見雍齒封則人人自堅矣於是上乃置酒封雍齒爲什方侯（索隱曰縣名屬廣漢○正義曰括地志云雍齒城在益州什邡縣南四十步漢什邡縣漢初封雍齒爲侯國）而急趣丞相御史定功行封羣臣罷酒皆喜曰雍齒尚爲侯我屬無患矣劉敬說高帝曰都關中上疑之左右大臣皆山東人多勸上都雒陽雒陽東有城皐西有殽黽倍河向伊雒其固亦足恃留侯曰雒陽雖有此固其中小不過數百里田地薄四面受敵此非用武之國也夫關中左殽函（正義曰殽三殽山也在洛州永寧縣西北二十八里函谷關在陝州桃林縣西南十二里）右隴蜀（正義曰隴山南連蜀之岷

山故云右隴蜀也沃野千里南有巴蜀之饒北有胡苑之
利索隱曰崔浩云苑馬牧外接胡地馬生於胡故云胡苑之利○正義曰博物志云北有胡苑之塞按上郡北地
之北與胡接可以牧養禽獸又多致胡馬故謂胡苑之利也阻三面而守獨以一
面東制諸侯諸侯安定河渭漕輓天下西給京
師諸侯有變順流而下足以委輸此所謂金城
千里天府之國也索隱曰此言謂者蓋是依憑古語金城言秦有四塞之國如金城也
故淮南子云雖有金城非粟不守又蘇秦說秦惠王云秦地勢形便所謂天府是所憑也劉敬說是
也於是高帝即日駕西都關中索隱曰周禮三曰詢國遷乃爲大事
高祖即日西遷者蓋謂其日即定計非即日遂行也留侯從入關留侯性多病
即道引不食穀漢書音義曰服辟穀之藥而靜居行氣杜門不出歲

餘上欲廢太子立戚夫人子趙王如意大臣多
諫爭未能得堅決者也呂后恐不知所爲人或
謂呂后曰留侯善畫計筴上信用之呂后乃使
建成侯呂澤劫留侯曰君常爲上謀臣今上欲
易太子君安得高枕而臥乎留侯曰始上數在
困急之中幸用臣筴今天下安定以愛欲易太
子骨肉之閒雖臣等百餘人何益呂澤彊要曰
爲我畫計留侯曰此難以口舌爭也顧上有不
能致者天下有四人索隱曰四人四皓也謂東園公綺里季夏黃公角里先生按陳
留志云園公姓唐字宣明居園中因以爲號夏黃公姓崔名廣字少通齊人隱居夏里脩道故號曰夏黃公角里先

生河内軹人太伯之後姓周名術字元道京師號曰霸上先生一曰角里先生孔父祕記作祿里皆王劭據崔氏周氏世譜及陶潛四八目而爲此說四人者年老矣皆以爲上慢侮人故逃匿山中義不爲漢臣然上高此四人今公誠能無愛金玉璧帛令太子爲書卑辭安車因使辯士固請宜來來以爲客時時從入朝令上見之則必異而問之問之上知此四人賢則一助也於是呂后令呂澤使人奉太子書卑辭厚禮迎此四人四人至客建成侯所漢十一年黥布反上病欲使太子將往擊之四人相謂曰凡來者將以存太子太子將兵事危矣乃說建

成侯曰太子將兵有功則位不益太子無功還則從此受禍矣且太子所與俱諸將皆嘗與上定天下梟將也今使太子將之此無異使羊將狼也皆不肯爲盡力其無功必矣臣聞母愛者子抱索隱曰此語出韓子今戚夫人日夜侍御趙王如意常抱居前上曰終不使不肖子居愛子之上明乎其代太子位必矣君何不急請呂后承間爲上泣言黥布天下猛將也善用兵今諸將皆陛下故等夷徐廣曰夷猶儕也。索隱曰如淳云等夷言等輩乃令太子將此屬無異使羊將狼莫肯爲用且使布聞之則鼓行而西耳（晉灼曰哉行而西言無所畏也）上雖病彊載輜車臥而護之諸將不敢不盡力上雖苦爲妻子自彊於是呂澤立夜見呂后呂后承間爲上泣涕而言如四人意上曰吾惟豎子固不足遣而公自行耳於是上自將兵而東羣臣居守皆送至灞上留侯病自彊起至曲郵（司馬彪曰長安縣東有曲郵聚。索隱曰郵音尤按司馬彪漢書郡國志長安有曲郵聚今在新豐西俗謂之郵頭漢書舊儀云五里一郵郵人居間相去二里半按郵乃今之候）見上曰臣宜從病甚楚人剽疾願上無與楚人爭鋒因說上曰令太子爲將軍監關中兵上曰子房雖病彊臥而傅太子是時叔孫通爲太傅留侯行少傅事漢十二年上從擊破布軍歸疾益甚愈欲易太子留侯諫不聽因疾不視事叔孫太傅稱說引古今以死爭太子上詳許之猶欲易之及燕置酒太子侍四人從太子年皆八十有餘鬚眉皓白衣冠甚偉上怪之問曰彼何爲者四人前對各言名姓曰東園公角里先生綺里季夏黃公上乃大驚曰吾求公數歲公辟逃我今公何自從吾兒游乎四人皆曰陛下輕士善罵臣等義不受辱故恐而亡匿竊聞太子爲人仁孝恭敬愛士天下莫不延頸欲爲太子死者故臣等來耳上曰煩公幸卒調護太子如淳曰調護猶營護也四人爲壽已畢趨去上目送之召戚夫人指示四人者曰我欲易之彼四人輔之羽翼已成難動矣呂后眞而主矣戚夫人泣上曰爲我楚舞吾爲若楚歌歌曰鴻鵠高飛一舉千里羽翮已就横絶四海横絶四海當可柰何雖有矰繳韋昭曰繳弋射也其矢曰矰。索隱曰馬融注周禮云矰者繳繫短矢謂之矰一説云矰一弦可以仰射高者故云矰也尚安所施歌數闋索隱曰音曲穴反謂曲終也說文云闋事也戚夫人噓唏流涕上起去罷酒竟不易太子者留侯本招此四人之力也留侯從上擊代出

奇計馬邑下徐廣曰一云出奇計下馬邑及立蕭何相國漢書音義曰何時未爲相國勸高祖立之所與上從容言天下事甚衆非天下所以存亡故不著留侯乃稱曰家世相韓及韓滅不愛萬金之資爲韓報讎彊秦天下振動今以三寸舌爲帝者師索隱曰春秋緯云舌在口長三寸象斗玉衡封萬戶位列侯此布衣之極於良足矣願棄人間事欲從赤松子游耳索隱曰赤松子神農時雨師能入火自燒崑崙山上隨風雨上下也乃學辟穀道引輕身徐廣曰一云乃學道引欲輕舉也。索隱曰辟音賓亦反會高帝崩呂后德留侯乃彊食之曰人生一世閒如白駒過隙何至自苦如此乎留侯不得已彊

聽而食後八年卒謚爲文成侯子不疑代侯（徐廣曰文成侯立十六年卒子不疑代立十年坐與門大夫吉謀殺故楚内史當死贖爲城旦國除）子房始所見下邳圯上老父與太公書者後十三年從高帝過濟北果見穀城山下黄石取而葆祠之（徐廣曰史記珍寶字皆作葆）留侯死并葬黄石冢（正義曰括地志云漢張良墓在徐州沛縣東六十五里與留城相近也）每上冢伏臘祠黄石留侯不疑孝文帝五年坐不敬國除

太史公曰學者多言無鬼神然言有物（索隱曰物謂精怪及藥物也）至如留侯所見老父予書亦可怪矣（索隱曰詩緯云風后黄帝師又化爲老子以書授張良亦異説耳父後化爲黄石）高祖離困者數矣而留侯常有功力焉豈可謂非天乎上曰夫運籌筴帷帳之中決勝千里外吾不如子房余以爲其人計魁梧奇偉（應劭曰魁梧丘虚壯大之意索隱曰蘇林云梧音忤蕭該云今讀爲吾非也小顏云言其可驚悟於人）至見其圖狀貌如婦人好女蓋孔子曰以貌取人失之子羽（索隱曰子羽澹臺滅明字也仲尼弟子傳云狀貌甚惡又家語云子羽有君子之容而行不稱其貌與史記文同也）留侯亦云

索隱述贊曰

留侯倜儻志懷憤惋五代相韓一朝歸漢進履宜假運籌神筭橫陽既立申徒作扞灞上扶危固陵靜亂人稱三傑辯推八難

赤松願遊白駒難絆嗟彼雄略曾非魁岸

留侯張良世家第二十五　史記五十五

陳丞相世家第二十六　　史記五十六

陳丞相平者陽武戶牖鄉人也徐廣曰陽武屬魏地戶牖今爲東昏縣屬陳留。索隱曰徐廣云陽武屬魏而地理志屬河南郡蓋後陽武分屬梁国耳徐又云戶牖今爲東昏縣屬陳留与漢書地理志同按是秦時戶牖鄉屬陽武至漢以戶牖爲東昏縣隸陳留郡也。正義曰陳留風俗傳云東昏縣衛地故陽武之戶牖鄉也括地志云東昏故城在汴州陳留縣東北九十里 少時家貧好讀書有田三十畝獨與兄伯居伯常耕田縱平使游學平爲人長美色人或謂陳平曰貧何食而肥若是其嫂嫉平之不視家生產曰亦食糠覈耳徐廣曰覈音核駰案孟康曰麥糠中不破者也晉灼曰覈音紇京師謂麤屑爲紇頭 有叔如此不如無有伯聞之逐其婦而棄之及平長可娶妻富人莫肯與者貧者平亦恥之久之戶牖富人有張負索隱曰按負是婦人老宿之稱猶武負之類也然此張負既稱富人或恐是丈夫爾 張負女孫五嫁而夫輒死人莫敢娶平欲得之邑中有喪平貧侍喪以先往後罷爲助張負既見之喪所獨視偉平平亦以故後去負隨平至其家家乃負郭窮巷索隱曰高誘註戰国策云負背郭居也 以弊席爲門然門外多有長者車轍索隱曰一作軌按言長者所乘安車与載運之車軌轍或别 張負歸謂其子仲曰吾欲以女孫予陳平張仲曰平貧不事事一縣中盡笑其所爲獨奈何予女乎負曰人固有好美如陳平而長貧賤者乎卒與女爲平貧乃假貸幣以聘予酒肉之資以內婦負誡其孫曰毋以貧故事人不謹事兄伯如事父事嫂如母兄伯以逐其婦此嫂疑後娶也平旣娶張氏女齎用益饒游道日廣里中社平爲宰索隱曰其里名庫上里知者據蔡邕陳留東昏庫上里社碑云惟斯庫里古陽武之牖鄉陳平由此社宰逐相高祖也分肉食甚均父老曰善陳孺子之爲宰平曰嗟乎使平得宰天下亦如是肉矣陳涉起而王陳使周市略定魏地立魏咎爲魏王與秦軍相攻於臨濟陳平固已前謝其兄伯漢書音義曰謝語其兄往事魏從少年往事魏王咎於臨濟魏王以爲太僕

說魏王不聽人或讒之陳平亡去久之項羽略地至河上陳平往歸之從入破秦賜平爵卿張晏曰礼秩如卿不治事項羽之東王彭城也漢王還定三秦而東殷王反楚項羽乃以平爲信武君將魏王咎客在楚者以往擊降殷王而還項王使項悍拜平爲都尉賜金二十溢居無何漢王攻下殷王項王怒將誅定殷者將吏陳平懼誅乃封其金與印使使歸項王而平身間行杖劍亡渡河船人見其美丈夫獨行疑其亡將要中當有金玉寶器目之欲殺平平恐乃解衣躶而佐刺船船

人知其無有乃止平遂至脩武降漢【徐廣曰漢二年】因魏無知求見漢王【索隱曰漢書張敞与朱邑書云陳平須魏倩而後進孟康云即无知也】漢王召入是時萬石君奮爲漢王中涓【徐廣曰亦曰涓人】受平平等七人俱進賜食王曰罷就舍矣平曰臣爲事來所言不可以過今日於是漢王與語而說之問曰子之居楚何官曰爲都尉是日乃拜平爲都尉使爲參乘典護軍諸將盡讙【索隱曰讙譁也音懽又音喧漢書作皆怨】曰大王一日得楚之亡卒未知其高下而即與同載反使監護軍長者漢王聞之愈益幸平遂與東伐項王至彭城爲

楚所敗引而還收散兵至滎陽以平爲亞將屬於韓王信軍廣武絳侯灌嬰等咸讒陳平曰平雖美丈夫如冠玉耳其中未必有也【漢書音義曰飾冠以玉光好外見中非所有】臣聞平居家時盜其嫂事魏不容亡歸楚歸楚不中又亡歸漢今日大王尊官之令護軍臣聞平受諸將金金多者得善處金少者得惡處平反覆亂臣也願王察之漢王疑之召讓魏無知無知曰臣所言者能也陛下所問者行也今有尾生孝已之行【如淳曰孝已高宗之子有孝行】而無益於勝負之數陛下何暇用之乎楚漢相距臣進

奇謀之士顧其計誠足以利國家不耳且盜嫂受金又何足疑乎漢王召讓平曰先生事魏不中遂事楚而去今又從吾游信者固多心乎平曰臣事魏王魏王不能用臣說故去事項王項王不能信人其所任愛非諸項即妻之昆弟雖有奇士不能用平乃去楚聞漢王之能用人故歸大王臣躶身來不受金無以爲資誠臣計畫有可采者顧大王用之使無可用者金具在請封輸官得請骸骨漢王乃謝厚賜拜爲護軍中尉盡護諸將諸將乃不敢復言其後楚急攻絕

漢甬道圍漢王於滎陽城久之漢王患之請割滎陽以西以和項王不聽漢王謂陳平曰天下紛紛何時定乎陳平曰項王爲人恭敬愛人士之廉節好禮者多歸之至於行功爵邑重之士亦以此不附今大王慢而少禮士廉節者不來然大王能饒人以爵邑士之頑鈍如淳曰猶無廉隅嗜利無恥者亦多歸漢誠各去其兩短襲其兩長天下指麾則定矣然大王恣侮人不能得廉節之士顧楚有可亂者彼項王骨鯁之臣亞父鍾離昧龍且周殷之屬不過數人耳大王誠能出

捐數萬斤金行反間閒其君臣以疑其心項王爲人意忌信讒必内相誅漢因舉兵而攻之破楚必矣漢王以爲然乃出黄金四萬斤與陳平恣所爲不問其出入陳平既多以金縱反間於楚軍宣言諸將鍾離眛等爲項王將功多矣然而終不得裂地而王欲與漢爲一以滅項氏而分王其地項羽果意不信鍾離眛等項王既疑之使使至漢漢王爲太牢具舉進見楚使即詳驚曰吾以爲亞父使乃項王使復持去更以惡草具漢書音義曰草粗也。索隱曰戰国策云食馮煖以草具如淳云𥠖稾草麤惡之具也進楚使楚使歸具以報項王項王果大疑亞父亞父欲急攻下滎陽城項王不信不肯聽亞父聞項王疑之乃怒曰天下事大定矣君王自爲之願請骸骨歸歸未至彭城疽發背而死陳平乃夜出女子二千人滎陽城東門楚因擊之陳平乃與漢王從城西門夜出去遂入關收散兵復東其明年淮陰侯破齊自立爲齊王使使言之漢王漢王大怒而罵陳平躡漢王漢書音義曰躡謂躡漢王足漢王亦悟乃厚遇齊使使張子房卒立信爲齊王封平以戶牖鄉用其奇計策卒滅楚常以護軍

中尉從定燕王臧荼漢六年人有上書告楚王
韓信反高帝問諸將諸將曰亟發兵坑豎子耳
高帝默然問陳平平固辭謝曰諸將云何上具
告之陳平曰人之上書言信反有知之者乎曰
未有曰信知之乎曰不知陳平曰陛下精兵孰
與楚上曰不能過平曰陛下將用兵有能過韓
信者乎上曰莫及也平曰今兵不如楚精而將
不能及而舉兵攻之是趣之戰也竊爲陛下危
之上曰爲之柰何平曰古者天子巡狩會諸侯
南方有雲夢陛下第出僞游雲夢索隱曰蘇林云第且也小

顔云但也會諸侯於陳陳楚之西界正義曰陳今陳州也韓信都彭城號
楚王故陳州爲楚西界也信聞天子以好出游其勢必無事而
郊迎謁謁而陛下因禽之此特一力士之事耳
高帝以爲然乃發使告諸侯會陳吾將南游雲
夢上因隨以行行未至陳楚王信果郊迎道中
高帝豫具武士見信至即執縛之載後車信呼
曰天下已定我固當烹高帝顧謂信曰若毋聲
而反明矣武士反接之漢書音義曰反縛兩手遂會諸侯于
陳盡定楚地還至雒陽赦信以爲淮陰侯而與
功臣剖符定封於是與平剖符世世勿絕爲戶

牖侯平辭爵曰此非臣之功也上曰吾用先生謀計戰勝尅敵非功而何平曰非魏無知臣安得進上曰若子可謂不背本矣乃復賞魏無知其明年以護軍中尉從攻反者韓王信於代卒至平城爲匈奴所圍七日不得食高帝用陳平奇計使單于閼氏蘇林曰閼氏音焉支如漢皇后圍以得開高帝既出其計祕世莫得聞桓譚新論或云陳平爲高帝解平城之圍則言其事祕世莫得而聞也此以工妙踔善故藏隱不傳焉子能權知斯事否吾應之曰此策乃反薄陋拙惡故隱而不泄高帝見圍七日而陳平往說閼氏閼氏言於單于而出之以是知其所用說之事矣彼陳平必言漢有好麗美女爲道其容貌天下無有今困急已馳使歸迎取欲進與單于單于見此人必大好愛之愛之則閼氏日以遠疏不如及其未到令漢得脫去去亦不持女來矣閼氏婦女有妬媢之性必增惡而事去之此說簡而要及得其用則欲使神怪故隱匿不泄也劉子駿聞吾言乃立稱善焉按漢書音義應劭說此事大旨與桓論略同不知是應全取桓論或別有所聞乎今觀桓論似本無說高帝南過曲逆地理志縣屬中山也。索隱曰章帝醜其名改云蒲陰也上其城望見其屋室甚大曰壯哉縣吾行天下獨見洛陽與是耳顧問御史曰曲逆戶口幾何對曰始秦時三萬餘戶間者兵數起多亡匿今見五千戶於是乃詔御史更以陳平爲曲逆侯盡食之除前所食戶牖其後常以護軍中尉從攻陳豨及黥布凡六出奇計輒益邑凡六益封奇計或頗祕世莫能聞也高帝從破布軍還病創徐行至長安燕王盧綰反上使樊噲以相國將兵攻之既行人有短惡噲者高帝怒曰噲見吾病乃冀我死也用陳平謀而召絳侯周勃受詔牀下曰陳平亟馳傳載勃代噲將平至軍中即斬噲頭二人既受詔馳傳未至軍行計之曰樊噲帝之故人也功多且又乃呂后弟呂嬃之夫有親且貴帝以忿怒故欲斬之則恐後悔寧囚而致上上自誅之未至軍為壇以節召樊噲噲受詔即反接載檻車傳詣長安而令絳侯勃代將將兵定燕反縣平行聞高帝崩平恐呂

太后及呂嬃讒怒乃馳傳先去逢使者詔平與灌嬰屯於滎陽平受詔立復馳至宮哭甚哀因奏事喪前呂太后哀之曰君勞出休矣平畏讒之就因固請得宿衛中太后乃以為郎中令曰傅教孝惠（如淳曰傅相之傅也）是後呂嬃讒乃不得行樊噲至則赦復爵邑孝惠帝六年相國曹參卒以安國侯王陵為右丞相（徐廣曰王陵以客從起豐以廄將別守豐上東因從戰不利奉孝惠魯元出睢水中封為雍侯高祖八年定食安國二十一年卒謚武侯至玄孫坐酎金國除）陳平為左丞相王陵者故沛人始為縣豪高祖微時兄事陵陵少文任氣好直言及高祖起沛入至

咸陽陵亦自聚黨數千人居南陽不肯從沛公及漢王之還攻項籍陵乃以兵屬漢項羽取陵母置軍中陵使至則東鄉坐陵母欲以招陵陵母既私送使者泣曰爲老妾語陵謹事漢王漢王長者也無以老妾故持二心妾以死送使者遂伏劒而死項王怒烹陵母陵卒從漢王定天下以善雍齒雍齒高帝之仇而陵本無意從高帝以故晚封爲安國侯安國侯既爲右丞相二歲孝惠帝崩高后欲立諸呂爲王問王陵王陵曰不可問陳平陳平曰可呂太后怒乃詳遷陵

爲帝太傅實不用陵陵怒謝疾免杜門竟不朝請七年而卒陵之免丞相呂太后乃徙平爲右丞相以辟陽侯審食其爲左丞相左丞相不治常給事於中（孟康曰不在治勳便止宮中也）食其亦沛人漢王之敗彭城西楚取太上皇呂后爲質食其以舍人侍呂后其後從破項籍爲侯幸於呂太后及爲相居中百官皆因決事呂嬃常以前陳平爲高帝謀執樊噲數讒曰陳平爲相非治事日飲醇酒戲婦女陳平聞日益甚呂太后聞之私獨喜面質呂嬃於陳平曰鄙語曰兒婦人口不可用

顧君與我何如耳無畏呂嬃之讒也呂太后立諸呂為王陳平偽聽之及呂太后崩平與太尉勃合謀卒誅諸呂立孝文皇帝陳平本謀也審食其免相徐廣曰審食其初以舍人起侍呂后孝惠帝於沛又從在楚封二十五年文帝三年死子平代代二十二年景帝三年坐謀反國除一本云食其免後三歲為淮南王所殺文帝令其子平嗣侯菑川王反辟陽近菑川平降之國除孝文帝立以為太尉勃親以兵誅呂氏功多陳平欲讓勃尊位乃病謝孝文帝初立怪平病問之平曰高祖時勃功不如臣平及誅諸呂臣功亦不如勃願以右丞相讓勃於是孝文帝乃以絳侯勃為右丞相位次第一平徙為

左丞相位次第二賜平金千斤益封三千戶居頃之孝文皇帝既益明習國家事朝而問右丞相勃曰天下一歲決獄幾何勃謝曰不知問天下一歲錢穀出入幾何勃又謝不知汗出沾背愧不能對於是上亦問左丞相平平曰有主者上曰主者謂誰平曰陛下即問決獄責廷尉問錢穀責治粟內史上曰苟各有主者而君所主者何事也平謝曰主臣張晏曰若今人謝曰惶恐也馬融龍虎賦曰勇怯見之莫不主臣孟康曰主臣主群臣也若今言人主也韋昭曰言主臣道不敢欺也○索隱曰蘇林與孟康同既古人所未了故並存兩解陛下不知其駑下使待罪宰相宰相者

上佐天子理陰陽順四時下育萬物之宜外鎮撫四夷諸侯内親附百姓使卿大夫各得任其職焉孝文帝乃稱善右丞相大慙出而讓陳平曰君獨不素教我對陳平笑曰君居其位不知其任邪且陛下即問長安中盜賊數（漢書音義曰頭數也）君欲彊對邪於是絳侯自知其能不如平遠矣居頃之絳侯謝病請免相陳平專爲一丞相孝文帝二年丞相陳平卒謚爲獻侯子共侯買代侯二年卒子簡侯恢代侯二十三年卒子何代侯二十三年何坐略人妻棄市國除始陳平曰我

多陰謀是道家之所禁吾世即廢亦已矣終不能復起以吾多陰禍也然其後曾孫陳掌以衞氏親貴戚願得續封陳氏然終不得（徐廣曰陳掌者衞青月之子壻）

太史公曰陳丞相平少時本好黄帝老子之術方其割肉俎上之時其意固已遠矣傾側擾攘楚魏之間卒歸高帝常出奇計救紛糾之難振國家之患及呂后時事多故矣然平竟自脱定宗廟以榮名終稱賢相豈不善始善終哉非知謀孰能當此者乎

索隱述贊曰曲逆窮巷門多長者宰肉先均

佐喪後罷魏楚更用腹心難假棄印封金刺
船露倮閒行歸漢委質麾下滎陽計全平城
圍解推陵讓勃裒多益寡應變合權克定宗
社

陳丞相世家第二十六　史記五十六

絳侯周勃世家第二十七　史記五十七

絳侯周勃者沛人也其先卷人徐廣曰卷縣在滎陽。索隱曰韋昭云屬河南地理志亦然然則後置滎陽郡而卷隸焉音丘玄反字林音丘權反。正義曰括地志云故卷城在鄭州原武縣西北七里釋例地名云卷縣所理垣雍城也徙沛勃以織薄曲爲生蘇林曰薄一名曲月令曰具曲植。索隱曰謂勃本以織蠶薄爲生業也韋昭云北方謂薄爲曲許慎註淮南云曲葦薄也郭璞註方言云植縣曲柱也音直吏反常爲人吹簫給喪事如淳曰以樂喪家若俳優瓚曰吹簫以樂喪賓若樂人也。索隱曰左傳歌虞殯猶今挽歌類也歌者或有簫管材官引彊漢書音義曰能引彊弓官如今挽彊司馬也。索隱曰晉灼云申屠嘉爲材官蹶張高祖之爲沛公初起勃以中涓從攻胡陵下方與方與反與戰却適攻豐擊秦軍碭東還軍留及蕭復攻碭破之下下邑先登賜爵五大夫攻蒙虞取之索隱曰二縣名地理志屬梁國擊章邯車騎殿服虔曰略得殿兵也如淳曰殿不進也瓚曰在軍後曰殿孫檢曰一說上功曰最下功曰殿戰功曰多周勃事中有此三品與諸將俱計功則曰殿最獨捷則曰多多義見周禮故此云擊章邯車騎殿又云先至城下爲多又云攻槐里好畤最是也定魏地攻爰戚東緡徐廣曰屬山陽。索隱曰小顏音昬非也地理志山陽有東緡縣音旻然則戶牖之爲東緡音昬是屬陳留者音昬屬山陽者音旻也。正義曰緡眉貧反括地志云東緡故城漢縣也在兗州金鄉縣界以往至栗正義曰括地志云屬沛郡也取之攻齧桑先登索隱曰徐氏云在梁彭城間擊秦軍阿下破之索隱曰謂東阿之下也追至濮陽下甄城攻都關索隱曰地理志縣名屬山陽定陶襲取宛朐正義曰宛劬二音今曹州縣在州西四十七里得單父正義曰善甫二音宋

周勃世家

州縣也令夜襲取臨濟攻張漢書音義曰攻壽張。索隱曰地理志東郡壽梁縣光武改曰壽張以前至卷破之擊李由軍雍丘下攻開封先至城下爲多文穎曰勃士卒至者多如淳曰周禮戰功曰多後章邯破殺項梁沛公與項羽引兵東如碭自初起沛還至碭一歲二月索隱曰謂初起沛及還至碭得一歲又更二月也楚懷王封沛公號安武侯爲碭郡長沛公拜勃爲虎賁令徐廣曰一云句盾令。索隱曰漢書云襄賁令賁音肥縣名屬東海徐廣又云句盾令所見本各別也以令從沛公定魏地攻東郡尉於城武破之擊王離軍破之攻長社先登攻潁陽緱氏正義曰緱音勾洛州縣絕河津正義曰即古平陰津在洛州洛陽縣東北五十里擊趙賁軍

尸北索隱曰賁音肥人姓名也尸即尸鄉今偃師也謂尸縣之北南攻南陽守齮破武關嶢關破秦軍於藍田至咸陽滅秦項羽至以沛公爲漢王漢王賜勃爵爲威武侯索隱曰或是封號未必縣名也從入漢中拜爲將軍還定三秦至秦賜食邑懷德正義曰括地志云懷德故城在同州朝邑縣西南四十三里攻槐里好畤最如淳曰於將率之中功爲最。索隱曰地理志二縣屬右扶風擊趙賁內史保於咸陽最北攻漆索隱曰地理志漆縣在右扶風正義曰今豳州新平縣古漆縣也擊章平姚卬軍索隱曰卬音五郎反平下將西定汧正義曰口肩反今隴州汧源縣本漢汧縣地也還下郿正義曰音眉括地志云郿縣故城在岐州郿縣東北十五里頻陽索隱曰地理志郿屬古扶風頻陽屬左馮翊也○正義曰括地志云頻陽故城在宜州土門縣南三

里今土門縣併入同官縣屬雍州宜州廢也

圍章邯廢丘索隱曰地理志槐里周曰犬丘懿王都之秦更名廢丘高祖三年更名槐里而此云槐里者槐里據後而書之又云廢丘者以章邯本都廢丘而亦據舊書之

破西丞徐廣曰天水有西縣。正義曰括地志云西縣故城在秦州上邽縣西南九十里本漢西縣也破西縣丞

擊盜巴軍破之如淳曰章邯將

攻上邽正義曰音圭秦州縣也

東守嶢關轉擊項籍攻曲逆最還守敖倉

追項籍籍已死因東定楚地泗川東海郡凡得

二十二縣還守雒陽櫟陽賜與潁陽侯共食鍾

離索隱曰地理志縣名屬九江古鍾離子國。正義曰括地志云潁陽故城在陳州南頓縣西北鍾離故城在濠州鍾離縣東北五里

以將軍從高帝擊反者燕王臧荼破

之易下索隱曰荼如字讀易水名因以爲縣在涿郡謂破荼軍於易水之下言近水也。正義曰括地志云易縣故城在幽州歸義縣東南十五里燕桓侯所徙都臨易是也

所將卒當馳道

爲多索隱曰小顏以當高祖所行之道或以馳道爲秦之馳道故賈山傳云秦爲馳道東窮燕齊也

賜

爵列侯剖符世世勿絕食絳正義曰括地志云絳邑城漢絳縣在絳州曲沃縣南二里或以爲秦之舊馳道也

八千一百八十戶號絳侯以將

軍從高帝擊反韓王信於代降下霍人索隱曰蕭該云左傳以偪陽子歸納諸霍人杜預云晉邑也或作靃。正義曰霍音瑣又音蘇寡反顏師古云音山寡反按霍字當作葰地理志云葰人縣屬太原郡括地志云葰人故城在代州繁畤縣界漢葰人縣也按樊噲列傳作靃人其音亦同

以前至武泉徐廣曰屬雲中。正義曰括地志云武泉故城在朔州北二百二十里

擊

胡騎破之武泉北轉攻韓信軍銅鞮正義曰括地志云銅鞮故城在潞州銅鞮縣東十五里州西六十五里在并州東南也

破之還降太原正義曰并

州縣從銅鞮還并降六城也六城擊韓信胡騎晉陽下破之下
晉陽後擊韓信軍於硰石應劭曰硰音沙或曰地名。索隱曰晉灼音赤
座反。正義曰按在樓煩縣西北破之追北八十里還攻樓煩正義
曰地理志云在鴈門郡括地志云在并州崞縣界三城因擊胡騎平城下正義
曰地理志云在鴈門郡括地志云朔州定襄本漢平城縣所將卒當馳道為多勃
遷為太尉擊陳豨屠馬邑所將卒斬豨將軍乘
馬絺徐廣曰姓乘馬。索隱曰絺名也乘音始證反擊韓信陳豨趙利軍於
樓煩破之得豨將宋最鴈門守圂索隱曰圂守之名音胡困反
因轉攻得雲中守遬索隱曰音速。正義曰括地志云雲中故城在勝州榆林縣東
北四十里秦雲中郡丞相箕肆將勳徐廣曰箕一作萁勳一作專一作轉。索隱曰劉氏

肆音如字包愷音以四反漢書勳亦作慱字並誤耳定鴈門郡十七縣雲中郡
十二縣因復擊豨靈丘破之索隱曰地理志縣名屬代郡。正義曰括
地志云靈丘故城在蔚州靈丘縣東十里漢縣也斬豨得豨丞相程縱將
軍陳武都尉高肆定代郡九縣燕王盧綰反勃
以相國代樊噲將擊下薊得綰大將抵丞相偃
守陘張晏曰盧綰郡守陘其名太尉弱御史大夫施屠渾都徐廣
曰在上谷。索隱曰施名也屠滅之也地理志渾都縣屬上谷一云御史大夫姓施屠名渾都。正義曰括地志云
幽州昌平縣本漢渾都縣破綰軍上蘭正義曰括地志云嬀州懷戎縣東北有馬蘭溪水恐
是也復擊破綰軍沮陽徐廣曰在上谷駰案服虔曰沮音阻。索隱曰按地理志
沮陽縣屬上谷。正義曰括地志云上谷郡故城在嬀州懷戎縣東北百一十里燕上谷秦因不改漢為沮陽縣

追至長城〔正義曰即馬邑長城亦名燕長城在媯州北今是〕定上谷十二縣右北平十六縣遼西遼東二十九縣漁陽二十二縣最從高帝〔索隱曰最都凡也謂揔舉其從高祖攻戰克獲之數也〕得相國一人丞相二人將軍二千石各三人別破軍二下城三定郡五縣七十九得丞相大將各一人勃爲人木彊敦厚高帝以爲可屬大事勃不好文學每召諸生說士東鄉坐而責之〔如淳曰勃自東鄉坐責諸生說士不以賓主之禮〕趣爲我語其椎少文如此〔瓚曰令直言勿稱經書也韋昭曰椎不橈曲直至如椎。索隱曰大顏云俗謂愚爲鈍椎音直追反今按椎如字讀之謂勃召說士東向而坐責之云趣爲我語其質朴之性以斷推之其少文皆如此〕勃既定燕而歸高祖

已崩矣以列侯事孝惠帝孝惠帝六年置太尉官〔徐廣曰功臣表及將相表皆高后四年始置太尉。正義曰下云以勃爲太尉十歲高后崩按孝惠六年高后八年崩是十年耳而功臣表及將相表云高后四年置太尉官未詳〕以勃爲太尉十歲高后崩呂祿以趙王爲漢上將軍呂產以呂王爲漢相國秉漢權欲危劉氏勃爲太尉不得入軍門陳平爲丞相不得任事於是勃與平謀卒誅諸呂而立孝文皇帝其語在呂后孝文事中文帝既立以勃爲右丞相賜金五千斤食邑萬戶居月餘人或說勃曰君既誅諸呂立代王威震天下而君受厚賞處尊位以寵久之即禍及

身矣勃懼亦自危乃謝請歸相印上許之歲餘丞相平卒上復以勃爲丞相十餘月上曰前日吾詔列侯就國或未能行丞相吾所重其率先之乃免相就國歲餘每河東守尉行縣至絳絳侯勃自畏恐誅常被甲令家人持兵以見之其後人有上書告勃欲反（徐廣曰文帝四年時）下廷尉廷尉下其事長安逮捕勃治之勃恐不知置辭吏稍侵辱之勃以千金與獄吏獄吏乃書牘背示之（李奇曰吏所執簿韋昭曰牘版○索隱曰簿即牘也故魏志秦宓以簿擊頰則亦簡牘之類也）曰以公主爲證公主者孝文帝女也勃太子勝之尚之（韋昭曰尚奉也不敢言娶）故獄吏教引爲證勃之益封受賜盡以予薄昭及繫急薄昭爲言薄太后太后亦以爲無反事文帝朝太后以冒絮提文帝（徐廣曰提音弟駰案應劭曰陌額絮也如淳曰太后恚怒遭得左右物提之也晉灼曰巴蜀異物志謂頭上巾爲冒絮○索隱曰服虔云綸絮也提音弟又音啼非也蕭該音底提者擲也蕭音爲得恚者嗔也遭者逢也謂太后嗔乃逢冒絮因以提帝陌音蠻陌之陌入聲方言云幪巾南楚之間云陌額也）曰絳侯綰皇帝璽（應劭曰言勃誅諸呂發少帝手貫璽時尚不反況今更有異乎）將兵於北軍不以此時反今居一小縣顧欲反邪文帝既見絳侯獄辭乃謝曰吏事方驗而出之於是使使持節赦絳侯復爵邑絳侯既出曰吾嘗將百萬軍然安知獄吏

之貴孚絳侯復就國孝文帝十一年卒謚爲武侯子勝之代侯六歲尚公主不相中如淳曰猶言不相合當坐殺人國除絕一歲文帝乃擇絳侯勃子賢者河內守亞夫封爲條侯徐廣曰表皆作蓨字駰案服虔曰蓨音條○索隱曰地理志條縣屬勃海郡○正義曰括地志云故蓨城俗名南條城在德州蓨縣南十二里漢縣續絳侯後

條侯亞夫自未侯爲河內守時許負相之索隱曰應劭云負河內溫人老嫗也姚氏按楚漢春秋高祖封負爲鳴雌亭侯是知婦人亦有封邑曰君後三歲而侯侯八歲爲將相持國秉索隱曰音柄貴重矣於人臣無兩其後九歲而君餓死亞夫笑曰臣之兄已代父侯矣有如卒子當代亞夫何說侯乎

然既已貴如負言又何說餓死指示我許負指其口曰有從理入口索隱曰從音子容反從理橫理此餓死法也居三歲其兄絳侯勝之有罪孝文帝擇絳侯子賢者皆推亞夫乃封亞夫爲條侯續絳侯後文帝之後六歲匈奴大入邊乃以宗正劉禮爲將軍軍霸上正義曰廟記云霸陵即霸上按霸陵城在雍州萬年縣東北二十五里祝茲侯徐厲爲將軍軍棘門正義曰孟康云秦時宮門也括地志云棘門在渭北十餘里秦王門名也以河內守亞夫爲將軍軍細柳正義曰括地志云細柳倉在雍州咸陽縣西南二十里也以備胡上自勞軍至霸上及棘門軍直馳入將以下騎送迎已而之細柳軍軍士吏

被甲銳兵刃彀弓弩持滿索隱曰彀者張也天子先驅至不得入先驅曰天子且至軍門都尉曰將軍令曰軍中聞將軍令不聞天子之詔索隱曰六韜云軍中之事不聞君命居無何上至又不得入於是上乃使使持節詔將軍吾欲入勞軍亞夫乃傳言開壁門壁門士吏謂從屬車騎曰將軍約軍中不得驅馳於是天子乃按轡徐行至營將軍亞夫持兵揖曰介冑之士不拜請以軍禮見應劭曰禮介者不拜。索隱曰應劭云左傳晉郤克三肅使者而退杜預注肅若今撎鄭衆注周禮肅拜云但俯下手今時撎是天子為動改容式車索隱曰軾者車前橫木若上有敬則俯身而憑之使人稱謝

皇帝敬勞將軍成禮而去既出軍門羣臣皆驚文帝曰嗟乎此真將軍矣曩者霸上棘門軍若兒戲耳其將固可襲而虜也至於亞夫可得而犯邪稱善者久之月餘三軍皆罷乃拜亞夫為中尉正義曰漢書百官表云中尉秦官掌徼循京師武帝太初元年更名執金吾應劭云吾者禦也掌執金吾以禦非常顏師古云金吾鳥名主辟不祥天子出行職主先導以備非常故執此鳥之象因以名官也孝文且崩時誡太子曰即有緩急周亞夫真可任將兵文帝崩拜亞夫為車騎將軍孝景三年吳楚反亞夫以中尉為太尉正義曰漢書百官表云太尉秦官掌武元狩四年置大將軍大司馬即今十二衛大將軍及兵部尚書也東擊吳楚因自請上曰楚

兵剽輕索隱曰漢書亞夫至淮陽問鄧都尉爲畫此計亞夫從之今此云自請者蓋此亦聞疑而傳疑漢史得其實也剽音七妙反輕讀從去聲難與爭鋒願以梁委之索隱曰謂以梁委之於吳使吳兵不得過也亦有作餧音亦通絕其粮道乃可制上許之太尉既會兵滎陽吳方攻梁梁急請救太尉引兵東北走昌邑深壁而守梁日使使請太尉太尉守便宜不肯往梁上書言景帝景帝使使詔救梁太尉不奉詔堅壁不出而使輕騎兵弓高侯等索隱曰韓頽當也。正義曰弓高滄州縣也絕吳楚兵後食道吳兵乏粮飢數欲挑戰終不出夜軍中驚內相攻擊擾亂至於太尉帳下太尉終卧不起頃之復定

後吳奔壁東南陬如淳曰陬隅也○索隱曰音鄒又音子侯反太尉使備西北已而其精兵果奔西北不得入吳兵既餓乃引而去太尉出精兵追擊大破之吳王濞弃其軍而與壯士數千人亡走保於江南丹徒索隱曰地理志縣屬會稽。正義曰括地志云丹徒故城在潤州丹徒縣東南十八里漢丹徒縣也晉太康地志云吳王濞反走丹徒越人殺之於此城南徐州記云秦使赭衣鑿其地因謂之丹徒鑿斷今在故縣西北六里丹徒峴東南連亘盤紆屈曲有象龍形故秦鑿絕頸闕百餘步又夾坑龍首以毀其形坑之所在即今龍目二湖悉成田也漢兵因乘勝遂盡虜之降其兵購吳王千金月餘越人斬吳王頭正義曰越人即丹徒人越滅吳丹徒地屬楚秦滅楚後置三十六郡丹徒縣屬會稽郡故以丹徒爲越人也以告凡相攻守三月而吳楚破平

於是諸將乃以太尉計謀爲是由此梁孝王與太尉有郤歸復置太尉官五歲遷爲丞相景帝甚重之景帝廢栗太子丞相固爭之不得景帝由此疏之而梁孝王每朝常與太后言條侯之短竇太后曰皇后兄王信可侯也景帝讓曰始南皮章武侯瓚曰南皮竇彭祖太后兄子章武侯太后弟廣國先帝不侯及臣即位乃侯之信未得封也竇太后曰人主各以時行耳索隱曰謂人主各當其時而行事不必一一相法也○正義人主作人生自竇長君在時竟不得侯死後乃封其子彭祖顧得侯索隱曰許慎註淮南子云顧反也吾甚恨之帝趣侯信也景帝

曰請得與丞相議之丞相議之亞夫曰高皇帝約非劉氏不得王非有功不得侯不如約天下共擊之今信雖皇后兄無功侯之非約也景帝默然而止其後匈奴王徐盧等五人降景帝欲侯之以勸後丞相亞夫曰彼背其主降陛下陛下侯之則何以責人臣不守節者乎景帝曰丞相議不可用乃悉封徐盧等爲列侯索隱曰功臣表唯徐盧封容城侯亞夫因謝病景帝中三年以病免相頃之景帝居禁中召條侯賜食獨置大胾韋昭曰大臠也胾音側吏反○索隱曰臠音李轉反謂肉臠也無切肉又不置櫡條侯心不平

顧謂尚席取櫡應劭曰尚席主席者。索隱曰顧氏按輿服雜事云尚席掌武帳帷
幔也櫡音筯漢書作箸箸者食所用也留侯云借前箸以籌之禮曰羹之有菜者用挾挾亦箸之類故鄭玄云今人
謂箸爲挾是也景帝視而笑曰此不足君所乎孟康曰設胾無筯者
此非不足滿於君所乎嫌恨之如淳曰非故不足君之食具也偶失之。索隱曰言不設箸者此蓋非我意於君有
不足乎故如淳云非故不足君之食具偶失之耳蓋當然也所以帝視而笑也若本不爲足當別有辭未必爲之笑
也孟康晉灼雖探古人之情亦未必能得其實顧氏亦同孟氏之說又引魏武賜荀彧虛器各記異說也條侯
免冠謝上起條侯因趨出景帝以目送之曰此
怏怏者非少主臣也居無何條侯子爲父買工
官尚方徐廣曰一作西。索隱曰工官即尚方之工所作物屬尚方故云工官尚方甲楯
五百被徐廣曰音披駰案如淳曰工官官名也張晏曰被具也五百具甲楯可以葬者

史記周世家廿七　十二

取庸苦之不予錢庸知其盜買縣官器索隱曰縣官謂
天子也所以謂國家爲縣官者夏家王畿內縣即國都也王者官天下故曰縣官也怒而上變告
子事連汙條侯索隱曰汙音烏故反書既聞上上下吏吏
簿責條侯如淳曰簿問責其情條侯不對景帝罵之曰吾
不用也孟康曰不用女對欲殺之也如淳曰恐獄吏畏其復用事不敢折辱。索隱曰孟康如淳已備兩解
大顏以孟說爲得而姚察又別一解云帝責此吏不得亞夫直辭以爲不足任用故召亞夫別詣廷尉使責問召
詣廷尉正義曰景帝見條侯不對簿因責罵之曰吾不任用女也故召詣廷尉使重推劾耳餘說皆非
也廷尉責曰君侯欲反邪亞夫曰臣所買器乃
葬器也何謂反邪吏曰君侯縱不反地上即欲
反地下耳吏侵之益急初吏捕條侯條侯欲自

殺夫人止之以故不得死遂入廷尉因不食五日嘔血而死國除絕一歲景帝乃更封絳侯勃他子堅爲平曲侯續絳侯後十九年卒謚爲共侯子建德代侯十三年爲太子太傅坐酎金不善元鼎五年有罪國除徐廣曰諸列侯坐酎金失侯者皆在元鼎五年但此辭向如有顛倒。索隱曰紀云坐酎金不善復云元鼎五年有罪國除似重有罪故云顛倒而漢書云爲太子太傅坐酎金免官後有罪國除其文又錯也按表坐免官至元鼎五年坐酎金又失侯所以二史記之各有不同也條侯果餓死死後景帝乃封王信爲蓋侯

太史公曰絳侯周勃始爲布衣時鄙朴人也才能不過凡庸及從高祖定天下在將相位諸呂欲作亂勃匡國家難復之乎正雖伊尹周公何以加哉亞夫之用兵持威重執堅刃穰苴曷有加焉足已而不學索隱曰亞夫自以己之智謀足而虛己不學古文所以不體權變而動有違忤守節不遜索隱曰守節謂爭栗太子不封王信徐盧等不遜謂顧尚席取箸不對制獄是也終以窮困悲夫

索隱述贊曰絳侯佐漢質厚敦篤始擊碭東亦圍尸北所攻必取所討咸克陳豨伏誅臧荼破國事居送往推功伏德列侯就第太尉下獄繼相條侯紹封平曲惜哉賢將父子代辱

絳侯周勃世家第二十七　史記五十七

梁孝王世家第二十八　史記五十八

梁孝王武者孝文皇帝子也而與孝景帝同母母竇太后也孝文帝凡四男長子曰太子是為孝景帝次子武次子參次子勝正義曰漢書勝作揖又云諸姬生代孝王參梁懷王揖言諸姬者衆妾卑賤史不書姓故云諸姬也孝文帝即位二年以武為代王徐廣曰都中都。正義曰括地志云中都故城在汾州平遙縣西十二里以參為太原王徐廣曰都晉陽。正義曰括地志云并州太原地名大明城即古晉陽城智伯與韓魏攻趙襄子於晉陽即此城是也以勝為梁王徐廣曰都睢陽。索隱曰漢書梁王名揖蓋是矣按景帝子中山靖王名勝是史記誤耳。正義曰括地志云宋州宋城縣在州南二里外城中本漢之睢陽縣也漢文帝封子武於大梁以其卑濕徙睢陽故改曰梁也二歲徙代王為淮陽王徐廣曰都陳。正義曰即古陳國城也以代盡與太原王號曰代王參立十七年孝文後二年卒謚為孝王子登嗣立是為代共王立二十九年元光二年卒子義立是為代王十九年漢廣關以常山為限而徙代王王清河徐廣曰都清陽。正義曰括地志云清陽故城在貝州清縣西北八里也清河王徙以元鼎三年也初武為淮陽王十年而梁王勝卒謚為梁懷王懷王最少子愛幸異於他子其明年徙淮陽王武為梁王梁王之初王梁孝文帝之十二年也梁王自初王通歷已十一年矣索隱曰謂自文帝二年初封代後徙淮陽又徙梁通數文帝二年至十二年徙梁為十一年也梁王十四年入朝十七年十八年比年入朝留其明年乃之國二十一年入朝二十二年孝文帝崩二十四年入朝二十五年復入朝是時上未置太子也上與梁王燕飲嘗從容言曰千秋萬歲後傳於王王辭謝雖知非至言然心內喜太后亦然其春吳楚齊趙七國反吳楚先擊梁棘壁文穎曰地名。索隱曰按左氏傳宣公二年宋華元戰于大棘杜預云在襄邑東南蓋即棘壁是也。正義曰括地志云大棘故城在宋州寧陵縣西南七十里殺數萬人梁孝王城守睢陽而使韓安國張羽等爲大將軍以距吳楚吳楚以梁爲限不敢過而西與太尉亞夫等相距

三月吳楚破而梁所破殺虜略與漢中分漢書音義曰梁所虜吳楚之捷略與漢等明年漢立太子其後梁最親有功又爲大國居天下膏腴地地北界泰山西至高陽徐廣曰在陳留圉縣駰案司馬彪曰圉有高陽亭也。索隱曰圉縣屬陳留高陽鄉名也註引司馬彪者出續漢書郡國志也四十餘城皆多大縣孝王竇太后少子也愛之賞賜不可勝道於是孝王築東苑索隱曰築謂建也白虎通云苑所以東者何蓋以東方生物故也方三百餘里索隱曰蓋言其奢非實辭或者梁國封域之方。正義曰括地志云苑園在宋州宋城縣東南十里葛洪西京雜記云梁孝王苑中有落猨巖棲龍岫鴈池鶴洲鳧島諸宮觀相連奇果佳樹瑰禽異獸靡不畢備俗人言梁孝王竹園也廣睢陽城七十里索隱曰蘇林云廣其徑也太康地理記云城方十三里梁孝王築之鼓倡節杵而後下和之者

稱睢陽曲今蓮以爲故所以樂家有睢陽曲蓋採其遺音也大治宮室爲複道自宮連屬於平臺三十餘里徐廣曰睢陽有平臺里駰案如淳曰在梁東北離宮所在也晉灼曰或說在城中東北角。索隱曰如淳云在梁東北離宮所在者按今城東二十里臨新河有故臺址不甚高俗云平臺又一名脩竹苑西京雜記云有落猿巖鳧洲鴈渚連亘七十餘里是也得賜天子旌旗出從千乘萬騎索隱曰漢官儀曰天子法駕三十六乘大駕八十一乘皆備千乘萬騎而出也東西馳獵擬於天子出言趩入言警索隱曰漢舊儀云皇帝輦動稱警出殿則傳蹕止人清道言出入者互文耳出亦有蹕招延四方豪桀自山以東游說之士莫不畢至齊人羊勝公孫詭鄒陽之屬公孫詭多奇邪計索隱曰周禮有奇衺之人鄭玄云奇衺譎怪非常也奇音紀宜反邪音斜也初見王賜千金官至中尉梁號之曰公孫將軍梁多作兵器弩弓矛數十萬而府庫金錢且百巨萬索隱曰如淳云巨亦大與大百萬同也韋昭云大百萬今萬萬珠玉寶器多於京師二十九年十月梁孝王入朝景帝使使持節乘輿駟馬迎梁王於關下鄧展曰但將駟馬往瓚曰稱乘輿駟馬則車馬皆往言不駕六馬耳天子副車駕駟馬既朝上疏因留以太后親故王入則侍景帝同輦出則同車游獵射禽獸上林中梁之侍中郎謁者著籍引出入正義曰著竹略反籍謂名簿也若今通引出入門也天子殿門與漢官官無異十一月上廢栗太子竇太后心欲以孝王爲後嗣大臣及袁盎等有所關說於景帝索隱

曰袁盎云漢家法周道立子是有所關涉之說於帝也一云關者隔也引事而關隔其說不得行也竇太
后義格如淳曰攱閣不得下。索隱曰張晏云格止也服虔云格謂格閡不行蘇林音閣周成雜字攱
閣也通俗文云高置立攱棚云攱閣字林音紀又音詭也亦遂不復言以梁王為
嗣事由此以事秘世莫知乃辭歸國其夏四月
上立膠東王為太子梁王怨袁盎及議臣乃與
羊勝公孫詭之屬陰使人刺殺袁盎及他議臣
十餘人逐其賊未得也於是天子意梁王索隱曰謂
意疑梁刺之逐賊果梁使之乃遣使冠蓋相望於道
覆按梁捕公孫詭羊勝公孫詭羊勝匿王後宮
使者責二千石急梁相軒丘豹正義曰姓軒丘名豹也及內

史韓安國進諫王王乃令勝詭皆自殺出之上
由此怨望於梁王梁王恐乃使韓安國因長公
主謝罪太后然後得釋上怒稍解因上書請朝
既至關茅蘭說王漢書音義曰茅蘭孝王臣使乘布車張晏曰布車降
服自比喪人從兩騎入匿於長公主園漢使使迎王王
已入關車騎盡居外不知王處太后泣曰帝殺
吾子景帝憂恐於是梁王伏斧質於闕下謝罪
然後太后景帝大喜相泣復如故悉召王從官
入關然景帝益疏王不同車輦矣三十五年冬
復朝上疏欲留上弗許歸國意忽忽不樂北獵

良山（索隱曰漢書作梁山述征記云良山際清水今壽張縣南有良山服虔云是此山也。正義曰括地志云梁山在鄆州壽張縣南三十五里即獵處也）有獻牛足出背上（索隱曰張晏云足當處下所以輔身也今出背上象孝王背朝以干上也北者陰也又在梁山明爲梁也牛者丑之畜衝在六月北方數六故六月六日薨也）孝王惡之六月中病熱六日卒謚曰孝王（索隱曰述征記碭有梁孝王之冢）

孝王慈孝每聞太后病口不能食居不安寢常欲留長安侍太后太后亦愛之及聞梁王薨竇太后哭極哀不食曰帝果殺吾子景帝哀懼不知所爲與長公主計之乃分梁爲五國（索隱曰長子買梁共王子明濟川王子彭離濟東王子定山陽王子不識濟陰王）盡立孝王男五人爲王女五人皆食湯沐邑於是奏之太后太后乃說爲帝加壹飡梁孝王長子買爲梁王是爲共王子明爲濟川王子彭離爲濟東王子定爲山陽王子不識爲濟陰王孝王未死時財以巨萬計不可勝數及死藏府餘黃金尚四十餘萬斤他財物稱是梁共王三年景帝崩共王立七年卒子襄立是爲平王

梁平王襄（索隱曰漢書作讓）十四年母曰陳太后共王母曰李太后李太后親平王之大母也而平王之后姓任曰任王后任王后甚有寵於平王襄初孝王在時有罍樽（鄭德曰上蓋刻爲雲雷象。索隱曰應劭曰詩云酌彼金罍罍有畫

雲靁之象以金飾之直千金孝王誡後世善保罍樽無得以
與人任王后聞而欲得罍樽平王大母李太后
曰先王有命無得以罍樽與人他物雖百巨萬
猶自恣也任王后絶欲得之平王襄直使人開
府取罍樽賜任王后李太后大怒漢使者來欲
自言平王襄及任王后遮止閉門李太后與爭
門措指晉灼曰許慎措置措以爲笮。索隱曰措音迮側格反漢書王陵傳迫迮前隊皆作此字說文云迫笮也謂爲門扇所笮遂不得見漢使者李太后亦私與食
宮長及郎中尹霸等士通亂正義曰張先生舊本有士字先生疑是衍字又不敢除故以朱大點其字中心今按侯宮長及郎中尹霸等是士人太后與通亂其義亦通矣而王與

任王后以此使人風止李太后李太后內有淫
行亦已後病薨病時任后未嘗請病薨又不持
喪元朔中睢陽人類犴反者索隱曰韋昭云犴音岸按類犴反人姓名也反字或作友人有辱其父而與淮陽太守客出同車太
守客出下車類犴反殺其仇於車上而去淮陽
太守怒以讓梁二千石二千石以下求反甚急
執反親戚反知國陰事乃上變事具告知王與
大母爭樽狀時丞相以下見知之欲以傷梁長
吏其書聞天子天子下吏驗問有之公卿請廢
襄爲庶人天子曰李太后有淫行而梁王襄無

良師傅故陷不義乃削梁八城梟任王后首于市梁餘尚有十城襄立三十九年卒謚爲平王子無傷立爲梁王也

濟川王明者梁孝王子以桓邑侯（索隱曰地理志桓邑闕）孝景中六年爲濟川王七歲坐射殺其中尉漢有司請誅天子弗忍誅廢明爲庶人遷房陵地入于漢爲郡

濟東王彭離者梁孝王子以孝景中六年爲濟東王二十九年彭離驕悍無人君禮昏暮私與其奴亡命少年數十人行剽殺人取財物以爲好（如淳曰以是爲好喜之事）所殺發覺者百餘人國皆知之莫敢夜行所殺者子上書言漢有司請誅上不忍廢以爲庶人遷上庸地入于漢爲大河郡

山陽哀王定者梁孝王子以孝景中六年爲山陽王九年卒無子國除地入于漢爲山陽郡

濟陰哀王不識者梁孝王子以孝景中六年爲濟陰王一歲卒無子國除地入于漢爲濟陰郡

太史公曰梁孝王雖以親愛之故王膏腴之地然會漢家隆盛百姓殷富故能植其財貨廣宮室車服擬於天子然亦僭矣褚先生曰臣爲郎

時聞之於宮殿中老郎吏好事者稱道之也竊以爲令梁孝王怨望欲爲不善者事從中生今太后女主也以愛少子故欲令梁王爲太子大臣不時正言其不可狀阿意治小私說意以受賞賜非忠臣也齊如魏其侯竇嬰之正言也索隱曰竇嬰袁盎皆言如周家立子不合立弟何以有後禍景帝與王燕見侍太后飲景帝曰千秋萬歲之後傳王太后喜說竇嬰在前據地言曰漢法之約傳子適孫今帝何以得傳弟擅亂高帝約乎於是景帝默然無聲太后意不說故成王與小弱弟立樹下取

一桐葉以與之曰吾用封汝周公聞之進見曰天王封弟甚善成王曰吾直與戲耳周公曰人主無過舉不當有戲言言之必行之於是乃封小弟以應縣索隱曰此說與晉世家不同事與封叔虞同彼云封唐此云封應應亦成王之弟或別有所見故不同。正義曰括地志云故應城故應鄉也在汝州魯山縣東四十里呂氏春秋云成王戲削桐葉爲圭以封叔虞非應侯也又汲冢古文云殷時已有應國非成王所造也是後成王沒齒不敢有戲言言必行之孝經曰非法不言非道不行此聖人之法言也今主上不宜出好言於梁王梁王上有太后之重驕蹇日久數聞景帝好言千秋萬世之後傳王而實不行又諸侯王朝見天子漢法凡當四見耳始到入小見到正月朔旦奉皮薦璧玉賀正月法見後三日爲王置酒賜金錢財物後二日復入小見辭去凡留長安不過二十日小見者燕見於禁門内飲於省中非士人所得入也今梁王西朝因留且半歲入與人主同輦出與同車示風以大言而實不與令出怨言謀畔逆乃隨而憂之不亦遠乎非大賢人不知退讓今漢之儀法朝見賀正月者常一王與四侯俱朝見十餘歲一至今梁王常比年入朝見久留鄙語曰驕子不孝非惡言

也故諸侯王當爲置良師傅相忠言之士如汲黯韓長孺等敢直言極諫安得有患害蓋聞梁王西入朝謁竇太后燕見與景帝俱侍坐於太后前語言私說太后謂帝曰吾聞殷道親親周道尊尊其義一也索隱曰殷人尚質親親謂親其弟而授之周人尚文尊尊謂尊祖之正體故立其子尊其祖也安車大駕用梁孝王爲寄景帝跪席舉身曰諾罷酒出帝召袁盎諸大臣通經術者曰太后言如是何謂也皆對曰太后意欲立梁王爲帝太子帝問其狀袁盎等曰殷道親親者立弟周道尊尊立子殷道質質者法天親其所

親故立弟周道文文者法地尊者敬也敬其本
始故立長子周道太子死立適孫殷道太子死
立其弟帝曰於公何如皆對曰方今漢家法周
周道不得立弟當立子故春秋所以非宋宣公宋
宣公死不立子而與弟弟受國死復反之與兄之
子弟之子爭之以爲我當代父後即刺殺兄子爲
故國亂禍不絶故春秋曰君子大居正宋之禍
宣公爲之臣請見太后白之袁盎等入見太后
太后言欲立梁王梁王即終欲誰立太后曰吾
復立帝子袁盎等以宋宣公不立正生禍禍亂

後五世不絶小不忍害大義狀報太后太后乃
解說即使梁王歸就國而梁王聞其義出於袁
盎諸大臣所怨望使人來殺袁盎袁盎顧之曰
我所謂袁將軍者也公得毋誤乎刺者曰是矣
刺之置其劒劒著身視其劒新治問長安中削
厲工工曰梁郎某子來治此劒索隱曰謂梁國之郎是孝王官屬某
子史失其姓名也以此知而發覺之發使者捕逐之獨梁
王所欲殺大臣十餘人文吏窮本之謀反端頗
見太后不食日夜泣不止景帝甚憂之問公卿
大臣大臣以爲遣經術吏往治之乃可解於是

遣田叔呂季主往治之此二人皆通經術知大禮來還至霸昌廐（正義曰括地志云漢霸昌廐在雍州萬年縣東北三十八里）取火悉燒梁之反辭但空手來對景帝景帝曰何如對曰言梁王不知也造為之者獨其幸臣羊勝公孫詭之屬為之耳謹以伏誅死梁王無恙也景帝喜說曰急趨謁太后太后聞之立起坐飡氣平復故曰不通經術知古今之大禮不可以為三公及左右近臣少見之人如從管中闚天也

索隱述贊曰文帝少子徙封於梁太后鍾愛廣築睢陽旌旗警蹕勢擬天王功扞吳楚計醜孫羊竇嬰正議袁盎劫傷漢窮梁獄冠蓋相望禍成驕子致此猖狂雖分五國卒亦不昌

梁孝王世家第二十八　史記五十八

五宗世家第二十九　史記五十九

索隱曰景帝子十四人一武帝餘十三人爲王漢書謂之景十三王此名五宗者十三人爲王其母五人同母者爲宗也

孝景皇帝子凡十三人爲王而母五人同母者爲宗親栗姬子曰榮德閼于索隱曰閼音遏漢書無于字程姬子曰餘非端賈夫人子曰彭祖勝唐姬子曰發王夫人兒姁子曰越寄乘舜索隱曰姁音況羽反兒姁夫人名王皇后之妹也

河間獻王德索隱曰漢書云大行令奏謚法曰聰明睿智曰獻以孝景帝前二年用皇子爲河閒王好儒學被服造次必於儒者山東諸儒多從之游二十六年卒漢名臣奏杜業奏曰河間獻王經術通明積德累行天下雄俊衆儒皆歸之孝武帝時獻王朝被服造次必於仁義問以五策獻王輒對無窮孝武帝色然難之謂獻王曰湯以七十里文王百里王其勉之王知其意歸即縱酒聽樂因以終。索隱曰問以五策按漢書詔策問三十餘事被服造次按小顏云被服言常居處其中造次謂所向所行皆法於儒者子共王不害立四年卒子剛王基代立十二年卒子頃王授代立索隱曰漢書云授謚頃音傾

臨江哀王閼于以孝景帝前二年用皇子爲臨江王三年卒無後國除爲郡

臨江閔王榮以孝景前四年爲皇太子四歲廢用故太子爲臨江王四年坐侵廟壖垣爲宮索隱

曰服虔云宮外之餘地顧野王云牆外行馬內田音人椽反又音軟又音奴亂反壖垣牆外之短垣也上徵榮榮行祖於江陵北門索隱曰祖者行神行而祭之故曰祖也風俗通云共工氏之子曰修好遠遊故祀爲祖神又崔浩云黃帝之子纍祖好遠遊而死於道因以爲行神亦不知其何據蓋見其謂之祖因以爲累祖非也據帝系及本紀皆言累祖黃帝妃無爲行神之由也又聘禮云出祖釋軷祭脯酒而已按今祭禮以軷壤土爲壇於道則用黃紙或用狗以其紙血釁左輪。正義曰荊州圖副云漢臨江閔王榮始都江陵城坐侵廟壖地爲宮被徵出城北門而車軸折父老竊流涕曰吾王不反矣既而爲郅都所訊懼而縊死自此後北門存而不啓蓋爲榮不以道終也既已上車軸折車廢江陵父老流涕竊言曰吾王不反矣榮至詣中尉府簿中尉郅都責訊王王恐自殺葬藍田燕數萬銜土置冢上百姓憐之榮最長死正義曰顏師古云榮實最長而傳居二王後者以其從太子廢後乃爲王也無後國除地入于漢爲南郡

右三國本王皆栗姬之子也

魯共王餘以孝景前二年用皇子爲淮陽王二年吳楚反破後以孝景前三年徙爲魯王好治宮室苑囿狗馬季年好音不喜辭辯爲人吃二十六年卒子光代爲王初好音輿馬晚節嗇正義曰晚節猶言末年時嗇貪悋也惟恐不足於財

江都易王非索隱曰謚法好更故舊曰易以孝景前二年用皇子爲汝南王吳楚反時非年十五有材力上書願擊吳景帝賜非將軍印擊吳吳已破二歲徙

為江都王治吳故國以軍功賜天子旌旗元光五年匈奴大入漢為賊非上書願擊匈奴上不許非好氣力治宮觀招四方豪桀驕奢甚立二十六年卒子建立為王七年自殺淮南衡山謀反時建頗聞其謀自以為國近淮南恐一日發為所并即陰作兵器而時佩其父所賜將軍印載天子旗以出易王死未葬建有所說易王寵美人淖姬 蘇林曰淖音泥淖 正義曰淖女孝反 夜使人迎與姦服舍中 索隱曰淖音女敎反淖姓也齊有淖齒是也漢書云建召易王所愛淖姬等十人與姦服舍中也 及淮南事發治黨與頗及江都王建建恐因使人多持金錢事絕其獄而又信巫祝使人禱祠妄言建又盡與其姊弟姦 索隱曰漢書云建女弟徵臣為蓋侯子婦以易王喪來歸建復與姦也 事既聞漢公卿請捕治建天子不忍使大臣即訊王王服所犯遂自殺國除地入于漢為廣陵郡

膠西于王端 索隱曰按廣周書謚法云能優其德曰于 以孝景前三年吳楚七國反破後端用皇子為膠西王端為人賊戾又陰痿 正義曰委危反不能御婦人 一近婦人病之數月而有愛幸少年為郎為郎者頃之與後宮亂端禽滅之及殺其子母數犯上法漢公卿數請誅

端天子爲兄弟之故不忍而端所爲滋甚有司再請削其國去大半端心慍遂爲無訾省蘇林曰爲無所訾録無所省録。正義曰顔師古云訾言財也省視也言不能視録資財府庫壞漏盡腐財物以巨萬計終不得收徙令吏毋得收租賦端皆去衛索隱曰謂不置宿衛人封其宮門從一門出游數變名姓爲布衣之他郡國相二千石往者奉漢法以治端輒求其罪告之無罪者詐藥殺之所以設詐究變索隱曰究窮也故郭璞云究謂窮盡彊足以距諫智足以飾非相二千石從王治則漢繩以法故膠西小國而所殺傷二千石甚衆立四十七年卒竟無男代後國除地入于漢爲膠西郡

右三國本王皆程姬之子也

趙王彭祖以孝景前二年用皇子爲廣川王趙王遂反破後彭祖王廣川四年徙爲趙王十五年孝景帝崩彭祖爲人巧佞卑諂足恭而心刻深索隱曰刻害深無仁恩好法律持詭辯以中人索隱曰謂詭誑之辯以傷中人彭祖多內寵姬及子孫相二千石欲奉漢法以治則害於王家是以每相二千石至彭祖衣皁布衣自行迎除二千石舍索隱曰謂彭祖自爲二千石掃除其舍以迎之也多設疑事以作動之得二千石失言中忌諱

輙書之二千石欲治者則以此迫劫不聽乃上書告及汙以姦利事彭祖立五十餘年相二千石無能滿二歲輙以罪去大者死小者刑以故二千石莫敢治而趙王擅權使使即縣爲賈人榷會韋昭曰平會兩家買賣之賈也榷者禁他家獨王家得爲之。索隱曰榷音角獨言榷謂酤榷也會音儈古外反謂爲賈人專榷買賣之賈儈以取利若今之知市矣韋昭則訓榷爲平其注解亦得入多於國經租稅索隱曰經常也謂王家入多於國家常納之租稅以是趙王家多金錢然所賜姬諸子亦盡之矣彭祖取故江都易王寵姬王建所盜與姦淖姬者爲姬甚愛之彭祖不好治宮室禨祥服虔曰求福也。索隱曰桉埤蒼云禨祅祥也列子云荆人鬼越人禨謂楚信鬼神越信禨祥者也好爲吏事上書願督國中盜賊常夜從走卒行徼索隱曰上下孟反下工弔反徼是郊外路謂巡徼而伺察境界邯鄲中諸使過客以彭祖險陂莫敢留邯鄲其太子丹與其女及同產姊姦與其客江充有郤充告丹丹以故廢趙更立太子

中山靖王勝以孝景前三年用皇子爲中山王十四年孝景帝崩勝爲人樂酒正義曰樂五教反好內有子枝屬百二十餘人常與兄趙王相非曰兄爲王專代吏治事王者當日聽音樂聲色趙王亦非之曰中山王徒日淫不佐天子拊循百姓

何以稱爲藩臣立四十二年卒索隱曰漢書建元三年濟川中山王等來朝聞樂而泣天子問其故對以大臣內讒肺腑日踈其言甚雄壯詞切而理文天子加親親之好可謂漢之英藩矣子哀王昌立一年卒子昆侈代爲中山王索隱曰漢書昆侈謚康王子頃王輔嗣至孫國除也

右二國本王皆賈夫人之子也

長沙定王發發之母唐姬故程姬侍者景帝召程姬程姬有所辟不願進索隱曰姚氏按釋名云天子諸侯羣妾以次進御有月事者止不御更不口說故以丹注面目的的爲識令女史見之王察神女賦以爲脫袿裳免簪笄施玄的結羽釵的即釋名所云也說文云姅女汙也漢律云見姅變不得侍祠姅音半而飾侍者唐兒使夜進上醉不知以爲程姬而幸之遂有身已乃覺非程姬也及生子因命曰發以孝景前二年用皇子爲長沙王以其母微無寵故王卑濕貧國應劭曰景帝後二年諸王來朝有詔更前稱壽歌舞定王但張袖小舉手左右笑其拙上怪問之對曰臣國小地狹不足迴旋帝以武陵零陵桂陽屬焉立二十七年卒子康王庸立二十八年卒子鮒鮈立服虔曰鮈音拘爲長沙王

右一國本王唐姬之子也

廣川惠王越以孝景中二年用皇子爲廣川王十二年卒子齊立爲王索隱曰漢書齊謚繆王謚法傷人蔽賢曰繆齊有幸臣桑距已而有罪欲誅距距亡王因禽其宗族距怨王乃上書告王齊與同產姦自是之後

王齊數上書告言漢公卿及幸臣所忠等索隱曰漢書告中尉秦彭祖子去嗣坐暴虐勃亂國除也。正義曰所忠姓名
膠東康王寄以孝景中二年用皇子爲膠東王
二十八年卒淮南王謀反時寄微聞其事私作
樓車鏃矢應劭曰樓車所以窺看敵國營壘之虛實也索隱曰左傳云登樓車以窺宋人謂看敵國營壘之虛實也李巡注爾雅金矢以金爲箭鏑鏃字林音子木反戰守備候淮南之
起及吏治淮南之事辭出之如淳曰窮治其辭出此事寄於
上最親徐廣曰其母武帝母妹。正義曰寄母王夫人即王皇后之妹於上爲從母故寄於諸兄弟最爲親愛也意傷之發病而死不敢置後於是上問寄
有長子者名賢母無寵少子名慶母愛幸寄常

欲立之爲不次因有過遂無言上憐之乃以賢
爲膠東王奉康王嗣而封慶於故衡山地爲六
安王膠東王賢立十四年卒謚爲哀王子慶爲
王徐廣曰他本亦作慶字惟一本作建不宜得與叔父同名相承之誤六安王慶以元
狩二年用膠東康王子爲六安王
清河哀王乘以孝景中三年用皇子爲清河王
十二年卒無後國除地入于漢爲清河郡
常山憲王舜以孝景中五年用皇子爲常山王
舜最親景帝少子驕怠多淫數犯禁上常寬釋
之立三十二年卒太子勃代立爲王初憲王舜

有所不愛姬生長男梲蘇林曰音奪○索隱曰鄒氏音之悅反蘇林音奪許慎說解字林云他活反字從木梲以母無寵故亦不得幸於王王后脩生太子勃王內多所幸姬生子平子商王王后希得幸及憲王病甚諸幸姬常侍病故王后亦以妬媢不常侍病索隱曰媢音亡報反鄒氏作媢郭璞註三蒼云媢丈夫妬也又云妬女為媢輒歸舍醫進藥太子勃不自嘗藥又不宿留侍病及王薨王后太子乃至憲王雅不以長子梲為人數及薨又不分與財物郎或說太子王后令諸子與長子梲共分財物太子王后不聽太子代立又不收恤梲梲怨王后太子漢

使者視憲王喪梲自言憲王病時王后太子不侍及薨六日出舍如淳曰服舍也太子勃私姦飲酒博戲擊筑與女子載馳環城過市入牢視囚天子遣大行騫索隱曰按是張騫驗王后及問王勃請逮勃所與姦諸證左王又匿之吏求捕勃大急使人致擊笞掠擅出漢所疑囚者有司請誅憲王后脩及王勃上以脩素無行使梲陷之罪勃無良師傅不忍誅有司請廢王后脩徙王勃以家屬處房陵上許之勃王數月遷于房陵國絕月餘天子為最親乃詔有司曰常山憲王蚤夭后妾不和

適孽誣爭陷于不義以滅國朕甚閔焉其封憲
王子平三萬戶爲眞定王封子商三萬戶爲泗
水王正義曰四水海州
眞定王平元鼎四年用常山憲王子爲眞定王
泗水思王商以元鼎四年用常山王憲王子爲
泗水王十一年卒子哀王安世立十一年卒無
子於是上憐泗水王絶乃立安世弟賀爲泗水王
右四國本王皆王夫人兒姁子也其後漢
益封其支子爲六安王泗水王二國凡兒
姁子孫於今爲六王

太史公曰高祖時諸侯皆賦徐廣曰國所出有皆入於王也得自
除內史以下漢獨爲置丞相黃金印諸侯自除
御史廷尉正博士擬於天子自吳楚反後五宗
王世漢爲置二千石去丞相曰相銀印諸侯獨
得食租稅奪之權其後諸侯貧者或乘牛車也
索隱述贊曰景十三子五宗親睦栗姬既廢
臨江折軸關于早薨河閒儒服餘好宮苑端
事馳逐江都有才中山褆福長沙地小膠東
造鏃仁賢者代悖亂者族兒姁四王分封爲六
五宗世家第二十九　史記五十九

三王世家第三十　　史記六十

大司馬臣去病（索隱曰姓霍）昧死再拜上疏皇帝陛下陛下過聽使臣去病待罪行閒宜專邊塞之思慮暴骸中野無以報乃敢惟他議以干用事者誠見陛下憂勞天下哀憐百姓以自忘虧膳貶樂損郎員皇子賴天能勝衣趨拜至今無號位師傅官陛下恭讓不恤羣臣私望不敢越職而言臣竊不勝犬馬心昧死願陛下詔有司因盛夏吉時定皇子位（索隱曰明堂月令云季夏月可以封諸侯立大官是也）唯陛下幸察臣去病昧死再拜以聞皇帝陛下三

月乙亥御史臣光守尚書令奏未央宮制曰下御史六年三月戊申朔乙亥御史臣光守尚書令丞非（索隱曰奏狀有尚書令官位而史闕其名耳丞非者或尚書左右丞非其名也）下御史書到言丞相臣青翟（索隱曰莊青翟也）御史大夫臣湯（索隱曰張湯）太常臣充（索隱曰趙充）大行令臣息（索隱曰李息）太子少傅臣安（索隱曰任安也）行宗正事昧死上言大司馬去病上疏曰陛下過聽使臣去病待罪行閒宜專邊塞之思慮暴骸中野無以報乃敢惟他議以干用事者誠見陛下憂勞天下哀憐百姓以自忘虧膳貶樂損郎員皇子賴天能勝衣

趨拜至今無號位師傅官陛下恭讓不卹羣臣私望不敢越職而言臣竊不勝犬馬心昧死願陛下詔有司因盛夏吉時定皇子位唯願陛下幸察制曰下御史臣謹與中二千石二千石臣賀等（正義曰公孫賀）議古者裂地立國並建諸侯以承天子所以尊宗廟重社稷也今臣去病上疏不忘其職因以宣恩乃道天子卑讓自貶以勞天下慮皇子未有號位臣青翟臣湯等宜奉義遵職愚憧而不逮事方今盛夏吉時臣青翟臣湯等昧死請立皇子臣閎（徐廣曰一作關）臣旦臣胥爲諸

侯王昧死請所立國名制曰蓋聞周封八百姬姓並列或子男附庸禮支子不祭云並建諸侯所以重社稷朕無聞焉且天非爲君生民也（索隱曰傳曰天生蒸民立君以司牧之是言生人爲立君長司牧之耳非天爲君而生人也）朕之不德海內未洽乃以未教成者彊君連城即股肱何勸（徐廣曰一作劭一作勗一作觀也○索隱曰謂皇子等並未習教義也皇子未習教義而彊使爲諸侯王君以連城之人則大臣何有所勸）其更議以列侯家之三月丙子奏未央宮丞相臣青翟御史大夫臣湯昧死言臣謹與列侯臣嬰齊中二千石二千石臣賀諫大夫博士臣安等議曰伏聞周封八百姬姓並列

奉承天子康叔以祖考顯而伯禽以周公立咸爲建國諸侯以相傅爲輔百官奉憲各遵其職而國統備矣竊以爲並建諸侯所以重社稷者四海諸侯各以其職奉貢祭支子不得奉祭宗祖禮也封建使守藩國帝王所以扶德施化陛下奉承天統明開聖緒尊賢顯功興滅繼絶續蕭文終之後于酇（索隱曰蕭何謚文終也蕭何初封沛之酇音賛後其子續封南陽之酇音嵯也）褒厲羣臣平津侯等（索隱曰公孫弘之封平津侯也平津高成之鄉名。正義曰公孫弘所封平津鄉在滄州鹽山南四十一里也）昭六親之序明天施之屬使諸侯王封君得推私恩分子弟戶邑錫號尊建百有餘國（索隱曰武帝廣推恩之詔分王諸侯王子弟故有百餘國）而家皇子爲列侯則尊卑相踰（索隱曰謂諸侯王子已爲列侯而今又家皇子爲列侯是尊卑相踰越矣）列位失序不可以垂統於萬世臣請立臣閎（索隱曰齊王也王夫人子）臣旦（索隱曰燕王也漢書云李姬之子）臣胥（索隱曰廣陵王也）爲諸侯王三月丙子奏未央宮制曰康叔親屬有十而獨尊者褒有德也周公祭天命郊故魯有白牡騂剛之牲（公羊傳曰魯祭周公牲用白牡魯公用騂剛何休曰白牡殷牲也騂剛赤脊周牲也）羣公不毛（何休曰不毛不純色也）賢不肖差也高山仰之景行嚮之朕甚慕焉所以抑未成家以列侯可四月戊寅奏未央宮丞相臣青翟御史大夫臣湯昧死言臣青翟等與列侯吏二千石諫大夫博士臣慶等議昧死奏請立皇子爲諸侯王制曰康叔親屬有十而獨尊者褒有德也周公祭天命郊故魯有白牡騂剛之牲羣公不毛賢不肖差也高山仰之景行嚮之朕甚慕焉所以抑未成家以列侯可臣青翟臣湯博士臣將行等伏聞康叔親屬有十武王繼體周公輔成王其八人皆以祖考之尊建爲大國康叔之年幼周公在三公之位而伯禽據國於魯蓋爵命之時未至成人康叔後扞祿父之難伯禽

殄淮夷之亂昔五帝異制周爵五等春秋三等鄭玄曰春秋變周之文從殷之質合伯子男以爲一則殷爵三等者公侯伯也皆因時而序尊卑高皇帝撥亂世反諸正索隱曰春秋公羊傳文昭至德定海內封建諸侯爵位二等索隱曰謂王與列侯也皇子或在繈緥而立爲諸侯王奉承天子爲萬世法則不可易陛下躬親仁義體行聖德表裏文武顯慈孝之行廣賢能之路內褒有德外討彊暴極臨北海正義曰匈奴傳云霍去病伐匈奴北臨翰海西湊月氏正義曰湊音臻氏音支至月氏月氏西戎國名在葱嶺之西也匈奴西域舉國奉師輿械之費不賦於民虛御府之藏以賞元戎詩云元戎十乘以先啓行

韓嬰章句曰元戎大戎謂兵車也車有大戎十乘謂車緩輪馬被甲衡扼之上盡有劒戟名曰陷軍之車所以冒突先啓敵家之行伍也毛傳曰夏后氏曰鉤車先正也殷曰寅車先疾也周曰元戎先良也開禁倉以賑貧窮減戍卒之半百蠻之君靡不鄉風承流稱意遠方殊俗重譯而朝澤及方外故珍獸至嘉穀興天應甚彰今諸侯支子封至諸侯王索隱曰謂立膠東王子慶爲六安王常山王子平爲眞定王商爲泗水王是也臣青翟臣湯等竊伏孰計之皆以爲尊卑失序使天下失望不可臣請立臣閎臣旦臣胥爲諸侯王四月癸未奏未央宮留中不下丞相臣青翟太僕臣賀行御史大夫事太常臣充太子太傅臣安行宗正

事昧死言臣青翟等前奏大司馬臣去病上疏言皇子未有號位臣謹與御史大夫臣湯中二千石二千石諫大夫博士臣慶等昧死請立皇子臣閎等爲諸侯王陛下讓文武躬自切及皇子未教羣臣之議儒者稱其術或誖其心陛下固辭弗許家皇子爲列侯臣青翟等竊與列侯臣壽成徐廣曰蕭何之玄孫鄼侯壽成後爲太常也等二十七人議皆曰以爲尊卑失序高皇帝建天下爲漢太祖王子孫廣支輔先帝法則弗改所以宣至尊也臣請令史官擇吉日具禮儀上御史奏輿地圖索隱

曰謂地爲輿者天地有覆載之德故謂天爲蓋謂地爲輿故地圖稱輿地圖疑自古有此名非始漢也他皆
如前故事制曰可四月丙申奏未央宮大僕臣
賀行御史大夫事昧死言太常臣充言卜入四
月二十八日乙巳可立諸侯王臣昧死奏輿地
圖請所立國名禮儀別奏臣昧死請制曰立皇
子閎爲齊王旦爲燕王胥爲廣陵王四月丁酉
奏未央宮六年徐廣曰一云元狩四月戊寅朔癸卯御史
大夫湯下丞相丞相下中二千石二千石下郡
太守諸侯相丞書從事下當用者如律令
維六年四月乙巳皇帝使御史大夫湯廟立子

閎爲齊王曰於戲小子閎索隱曰此封齊王策文也按武帝策此三王皆自手
製於戲如言嗚呼戲音犧受茲青社張晏曰王者以五色土爲太社封四方諸侯各以其方色土與
之苴以白茅歸以立社○索隱曰蔡邕獨斷云皇子封爲王受天子太社之土若封東方諸侯則割青土藉以白茅
授之以立社謂之茅土齊在東方故云青社朕承祖考維稽古建爾國
家封于東土世爲漢藩輔於戲念哉恭朕之詔
惟命不于常人之好德克明顯光義之不圖俾
君子怠索隱曰謂若不圖於義則君子懈怠無歸附心悉爾心允執其中
天祿永終厥有愆不臧乃凶于而國害于爾躬
於戲保國艾民可不敬與王其戒之徐廣曰立八年無後絕
右齊王策

維六年四月乙巳皇帝使御史大夫湯廟立子旦爲燕王曰於戲小子旦受茲玄社朕承祖考維稽古（索隱曰褚先生解云維者度也稽者當也言當順古道也魏高貴鄉公云稽同也古天也謂堯能同天）建爾國家封于北土世爲漢藩輔於戲葷粥氏虐老獸心（索隱曰按匈奴傳其國貴壯賤老壯者食肥美老者食其餘也是虐老也）侵犯寇盜加以姦巧邊萌（索隱曰萌一作甿韋昭云甿民也三蒼云邊人云甿也）於戲朕命將率徂征厥罪萬夫長千夫長三十有二君皆來（張晏曰時所獲三十二師也）降旗奔師（如淳曰偃其旗鼓而來降索隱曰漢書君作師期作旗而服虔云以三十二軍中之將下旗去之也如淳云即昆邪王偃旗鼓降時也若如此意則三十二軍非軍將盡戎狄酋帥有三十二君來降也）葷粥徙域（張晏曰匈奴徙東也）北州以綏（臣瓚曰綏安也）悉爾心毋作怨毋俷德（徐廣曰俷一作菲。索隱曰蘇林云棐廢也本亦作俷俷敗也孔文祥云菲薄也漢書作棐。正義曰俷音符味反）毋乃廢備（索隱曰褚先生解云言無乏武備常備匈奴也）非教士不得從徵（張晏曰士不素習不應召。索隱曰韋昭云士非素教習不得從軍徵發故孔子曰不教人戰是謂弃之正謂此也褚先生解云非習礼義不得在於側也）於戲保國艾民可不敬與王其戒之（徐廣曰立三十年自殺國除）

右燕王策

維六年四月乙巳皇帝使御史大夫湯廟立子胥爲廣陵王曰於戲小子胥受茲赤社朕承祖考維稽古建爾國家封于南土世爲漢藩輔古

人有言曰大江之南〔正義曰謂京口南至荊州以南也〕五湖之閒〔索隱曰五湖者具區洮滆彭蠡青草洞庭或曰太湖五百里故曰五湖也〕其人輕心揚州保彊〔徐廣曰一作壃駰案李奇曰保恃也〕三代要服不及以政於戲悉爾心戰戰兢兢乃惠乃順毋侗好佚毋邇宵人〔應劭曰無好逸游之事迩近小人張晏曰侗音同○索隱曰諸先生解云無好佚樂馳騁弋獵鄒氏宵音謏謏亦小人也或作佞人〕維法維則書云臣不作威不作福靡有後羞於戲保國艾民可不敬與王其戒之〔徐廣曰立六十四年自殺〕

右廣陵王策

太史公曰古人有言曰愛之欲其富親之欲其貴故王者壃土建國封立子弟所以襃親親序骨肉尊先祖貴支體廣同姓於天下也是以形勢彊而王室安自古至今所由來久矣非有異也故弗論箸也燕齊之事無足采者然封立三王天子恭讓羣臣守義文辭爛然甚可觀也是以附之世家

索隱述贊曰三王封冊舊史爛然褚氏後補冊書存焉去病建議青翟上言天子冲挹志在急賢太常具禮請立齊燕閎國負海旦社惟玄胥人不通董粥遠邊明哉監戒式防厥

愆

褚先生曰臣幸得以文學爲侍郎好覽觀太史公之列傳列傳中稱三王世家文辭可觀求其世家終不能得竊從長老好故事者取其封策書編列其事而傳之令後世得觀賢主之指意

蓋聞孝武帝之時同日而俱拜三子爲王封一子於齊一子於廣陵一子於燕各因子才力智能及土地之剛柔人民之輕重爲作策以申戒之謂王世爲漢藩輔保國治民可不敬與王其戒之夫賢主所作固非淺聞者所能知非博聞彊記君子者所不能究竟其意至其次序分絕文字之上下簡之參差長短皆有意人莫之能知謹論次其真草詔書編于左方令覽者自通其意而解說之

王夫人者趙人也與衛夫人並幸武帝而生子閎閎且立爲王時其母病武帝自臨問之曰子當爲王欲安所置之王夫人曰陛下在妾又何等可言者帝曰雖然意所欲欲於何所王之王夫人曰願置之雒陽武帝曰雒陽有武庫敖倉天下衝阨漢國之大都也先帝以來無子王於

雒陽者去雒陽餘盡可王夫人不應武帝曰關
東之國無大於齊者齊東負海而城郭大古時
獨臨菑中十萬戶天下膏腴地莫盛於齊者矣
王夫人以手擊頭謝曰幸甚王夫人死而帝痛
之使使者拜之曰皇帝謹使使太中大夫明奉
璧一賜夫人爲齊王太后子閎王齊年少無有
子立不幸早死國絶爲郡天下稱齊不宜王云
所謂受此土者諸侯王始封者必受土於天子
之社歸立之以爲國社以歲時祠之春秋大傳
曰天子之國有泰社東方青南方赤西方白北

方黑上方黄故將封於東方者取青土封於南
方者取赤土封於西方者取白土封於北方者
取黑土封於上方者取黄土各取其色物裹以
白茅封以爲社此始受封於天子者也此之爲
主土主土者立社而奉之也朕承祖考祖者先
也考者父也維稽古維者度也念也稽者當也
當順古之道也齊地多變詐不習於禮義故戒
之曰恭朕之詔唯命不可爲常人之好德能明
顯光不圖於義使君子怠慢悉若心信執其中
天祿長終有過不善乃凶于而國而害于若身

齊王之國左右維持以禮義不幸中年早夭然
全身無過如其策意傳曰青采出於藍而質青
於藍者教使然也遠哉賢主昭然獨見誡齊王
以慎內誡燕王以無作怨無俷德索隱曰本亦作肥案上策云作棐德下云勿使王背德也則肥當音扶味反亦音匪誡廣陵王以慎外無作威
與福夫廣陵在吳越之地其民精而輕故誡之
曰江湖之閒其人輕心揚州葆疆三代之時迫
要使從中國俗服不大及以政教以意御之而
已無侗好佚無邇宵人維法是則無長好佚樂
馳騁弋獵淫康而近小人常念法度則無羞辱

矣三江五湖有魚鹽之利銅山之富天下所仰
故誡之曰臣不作福者勿使行財幣厚賞賜以
立聲譽爲四方所歸也又曰臣不作威者勿使
因輕以倍義也會孝武帝崩孝昭帝初立先朝
廣陵王胥厚賞賜金錢財幣直三千餘萬益地
百里邑萬戶會昭帝崩宣帝初立緣恩行義以
本始元年中裂漢地盡以封廣陵王胥四子一
子爲朝陽侯正義曰括地志云朝陽故城在鄧州穰縣南八十里應劭云在朝水之陽也一
子爲平曲侯正義曰地理志云平曲縣屬東海郡又云在瀛州文安縣北七十里一子
爲南利侯正義曰括地志云南利故城在豫州上蔡縣東八十五里最愛少子弘

立以爲高密王正義曰括地志云高密故城在密州高密縣西南四十里其後胥果作威福通楚王使者楚王宣言曰我先元王高帝少弟也封三十二城今地邑益少我欲與廣陵王共發兵云廣陵王爲上我復王楚三十二城如元王時事發覺公卿有司請行罰誅天子以骨肉之故不忍致法於胥下詔書無治廣陵王獨誅首惡楚王傳曰蓬生麻中不扶自直索隱曰已下並見荀卿子白沙在泥中與之皆黑者土地教化使之然也其後胥復祝詛謀反自殺國除燕土墝埆北迫匈奴其人民勇而少慮故誡之曰

葷粥氏無有孝行而禽獸心以竊盜侵犯邊民朕詔將軍往征其罪萬夫長千夫長三十有二君皆來降旗奔師葷粥徙域遠處北州以安矣悉若心無作怨者勿使從俗以怨望也無俷德者勿使上背德也無廢備者無乏武備常備匈奴也非教士不得從徵者言非習禮義不得在於側也會武帝年老長而太子不幸薨未有所立而旦使來上書請身入宿衛於長安孝武見其書擊地怒曰生子當置之齊魯禮義之鄉乃置之燕趙果有爭心不讓之端見矣於是使使

即斬其使者於闕下會武帝崩昭帝初立旦果
作怨而望大臣自以長子當立與齊王子劉澤
等謀爲叛逆出言曰我安得弟在者索隱曰案昭帝鉤弋夫人所生武帝崩時年纔七八歲耳胥旦早封在外實合有疑然武帝春秋高惑於內寵誅太子而立童孺能不使胥旦疑怨亦由權臣輔政貪立幼主之利遂得鉤弋子當陽斯實父德不弘遂令子道不順然犬各吠非其主太中宗正人臣之職亦當使燕諭之今立者乃大將軍子也欲發兵事發
覺當誅昭帝緣恩寬忍抑案不揚公卿使大臣
請遣宗正與太中大夫公戶滿意御史二人偕
往使燕風諭之索隱曰宗正官名必以宗室有德者爲之不知時何人公戶姓滿意名爲太中大夫是使二人又有侍御史二人皆往使治廣陵也到燕各異日更見責王宗

正者主宗室諸劉屬籍先見王爲列陳道昭帝
實武帝子狀侍御史乃復見王責之以正法問
王欲發兵罪名明白當坐之漢家有正法王犯
纖介小罪過即行法直斷耳安能寬王驚動以
文法王意益下心恐公戶滿意習於經術最後
見王稱引古今通義國家大禮文章爾雅索隱曰爾近也雅正也其書於正字義訓爲近故云爾雅相承云周公作以教成王又云子夏作之以解詩書謂王
曰古者天子必內有異姓大夫所以正骨肉也
外有同姓大夫所以正異族也索隱曰內云有異姓大夫以正骨肉蓋錯也內合言同姓宗正是也外合言異姓太中大夫是也周公輔成王誅其兩弟

故治武帝在時尚能寬王今昭帝始立年幼富於春秋未臨政委任大臣古者誅罰不阿親戚故天下治方今大臣輔政奉法直行無敢所阿恐不能寬王王可自謹無自令身死國滅爲天下笑於是燕王旦乃恐懼服罪叩頭謝過大臣欲和合骨肉難傷之以法其後旦復與左將軍上官桀等謀反宣言曰我次太子太子不在我當立大臣共抑我云云大將軍光輔政與公卿大臣議曰燕王旦不改過悔正行惡不變於是脩法直斷行罰誅旦自殺國除如其策指有司

請誅旦妻子孝昭以骨肉之親不忍致法寬赦旦妻子免爲庶人傳曰蘭根與白芷漸之滫中徐廣曰滫者漸米汁也音先糾反。索隱曰白芷香草也音止又音昌改反漸漬也滫如禮滫瀡之滫謂洗也音思酒反。正義曰言雖香草以米汁漬之無復香氣君子不欲附近庶人不服者爲漸漬然也以旦謀叛君子庶人皆不附近君子不近庶人不服者所以漸然也宣帝初立推恩宣德以本始元年中盡復封燕王旦兩子一子爲安定侯正義曰漢表在鉅鹿郡立燕故太子建爲廣陽王正義曰括地志云廣陽故城今在幽州良鄉縣東北三十七里以奉燕王祭祀

三王世家第三十　史記六十